"十二五"职业教育国家规划教材
经全国职业教育教材审定委员会审定

U0657931

建筑识图与构造习题集（第二版）

主　编　魏艳萍
撰稿人　樊文迪　马　丽　吉云亮

中国电力出版社
CHINA ELECTRIC POWER PRESS

内 容 提 要

本习题集是在总结高等职业技术教育经验的基础上，结合我国高等职业技术教育的特点编写的。它与魏艳萍主编的《建筑识图与构造（第二版）》教材配套使用。

本习题集采用了最新国家标准和有关规范。

考虑各专业教学要求的不同，本习题集在习题和作业的分量上，都留有一定余量，以便各专业根据不同情况加以选择。为便于使用，编排顺序与教材基本一致。

本习题集既可作为建筑工程类专业教材配套习题集使用，同时也适合建筑工程技术人员自学和参考。

图书在版编目（CIP）数据

建筑识图与构造习题集/魏艳萍主编. —2 版. —北京：中国电力出版社，2014.8（2023.8 重印）

"十二五"职业教育国家规划教材

ISBN 978 - 7 - 5123 - 6101 - 0

Ⅰ.①建… Ⅱ.①魏… Ⅲ.①建筑制图—识别—高等职业教育—习题集②建筑构造—高等职业教育—习题集 Ⅳ.①TU2—44

中国版本图书馆 CIP 数据核字（2014）第 139788 号

普通高等教育"十二五"国家级规划教材（高职高专教育）配套用书

建筑识图与构造习题集（第二版）

中国电力出版社出版、发行　　　　　　　北京雁林吉兆印刷有限公司印刷　　　　　　　各地新华书店经售

（北京市东城区北京站西街 19 号　100005　http://www.cepp.sgcc.com.cn）

2006 年 8 月第一版　2014 年 8 月第二版　2023 年 8 月第二十一次印刷

787 毫米×1092 毫米　横 16 开本　9.5 印张　124 千字　　　　　　　　　　定价 **28.00** 元

前　言

本习题集是在总结高等职业技术教育经验的基础上，结合我国高等职业技术教育的特点编写的。它与魏艳萍主编的《建筑识图与构造》教材配套使用。

本习题集采用了最新国家标准和有关规范。

本习题集在编写过程中注重应用，每部分内容由浅入深，便于学生灵活运用所学的基本理论、基本构造原理和构造方法，通过练习培养学生的基本操作能力、抽象思维能力、专业绘图能力及识读建筑工程图的能力。

本习题集作业的方式为两种，一是直接在习题集上作图、解题、解答；二是自备图纸用仪器作图。建议选择部分作业在铅笔图完成后用描图纸上墨描绘，提高学生的制图技能，同时也有助于提高识图能力，为学习专业课打好基础。

本习题集为便于使用，除第十、十八章没有编排习题外，其他章节在编排顺序上与教材基本一致，习题内容直接写在目录上，不另编节号。

本习题集由山西建筑职业技术学院教授魏艳萍主编，并承担统稿及校核工作。参加编写工作的有山西建筑职业技术学院魏艳萍（第一～三、八、九、十一～十七章），山西建筑职业技术学院樊文迪（第十九、二十章），山西建筑职业技术学院马丽（第四、五章），太原电力高等专科学校吉云亮（第六、七章）。

本习题集在编写过程中，参考了部分同学科的习题集等文献（见书后的"参考文献"），在此谨向文献的作者表示深深的谢意。

由于编者水平有限，加之时间比较仓促，一定会有不少缺点和错误，恳请使用本习题集的教师、学生和广大读者批评指正。

编　者

2014 年 1 月

目　录

建筑制图设计说明总平面立剖详东西南北房屋基础比例尺长宽

厚墙柱梁档板楼梯框架承重结构门窗阳台雨篷勒脚左右上中下

室散坡沟洞槽材料强度水泥砂石钢筋混凝土灰浆配筋分布箍预

屋面油毡防水层绿豆砂保护层找平隔热挂瓦顺水条椽检查顶棚吊顶搁棚天

窗雨水口斗管沟盖檐泛水圈梁隔断墙砖砌平拱过梁变形缝沉降伸缩水磨石

细石混凝土地下室采光井消防梯间距层高步数百页亮子铰链马赛克花岗石

ABCDEFGHIJKLMNO PQRSTUVWXYZ

abcdefghijklmnopqrstuvwxyz

1234567890 IVXФ   ABCabcd1234 IV 75°

本字格可垫在描图纸下写字用。注意保存。

按左图所示在右边画出同样的图形,并标注尺寸。

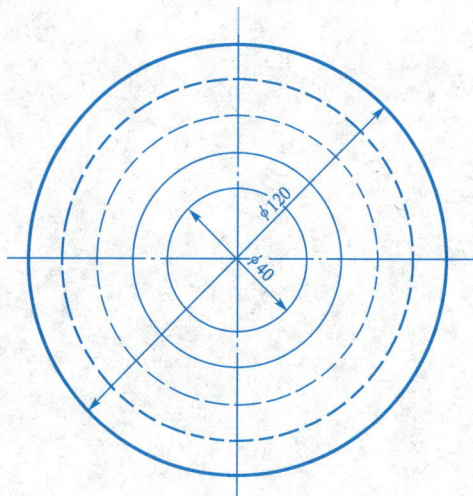

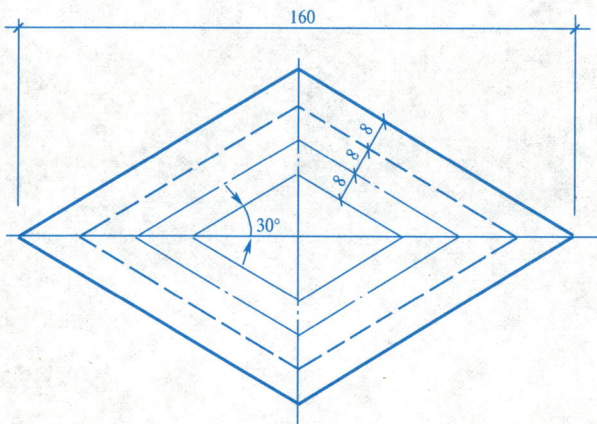

$\phi120$

$\phi40$

160

8
8
8
8

30°

线型练习(一)

班级　　　姓名　　　日期

6

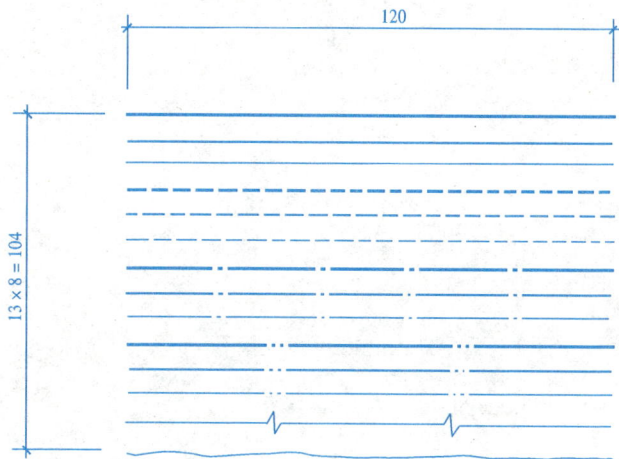

120

$13 \times 8 = 104$

图线 1:1

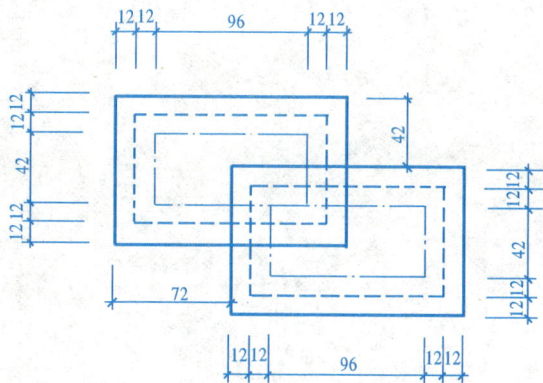

12 12   96   12 12

12 12

42

12 12

42

12 12

42

12 12

72

96

12 12   96   12 12

图案 1:2

普通砖

砂、灰土

混凝土

钢筋混凝土

金属

120

420

材料图例 1:5

作业要求:(1) 用 A3 幅面绘图纸按比例抄绘图样。
　　　　　(2) 要求线型分明,交接正确,注写认真。

将下列图形按指定比例量取数值,标注尺寸(单位:mm,取整数)。

1:5

1:10

1:20

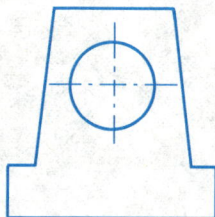

1:30

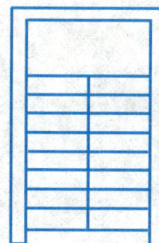

1:100

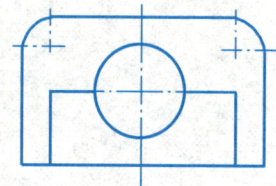

1:2

| 比例与尺寸标注 | 班级 | | 姓名 | | 日期 | | 8 |

1. 已知线段 AB, 试将其五等分。

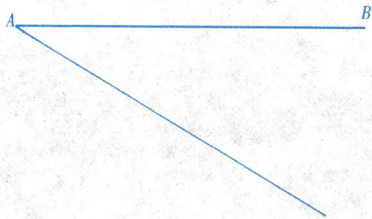

2. 作圆的内接正六边形。

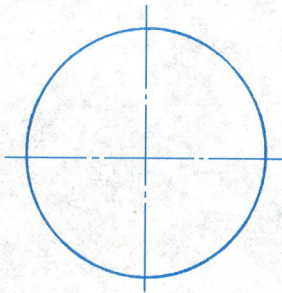

3. 用已知半径作圆弧与正交二直线连接。

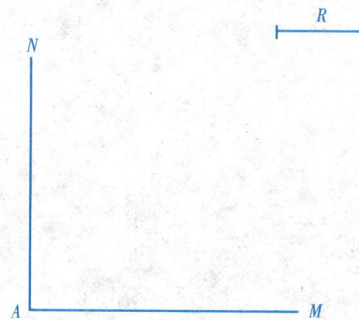

4. 用已知半径作圆弧与两已知圆弧外连接。

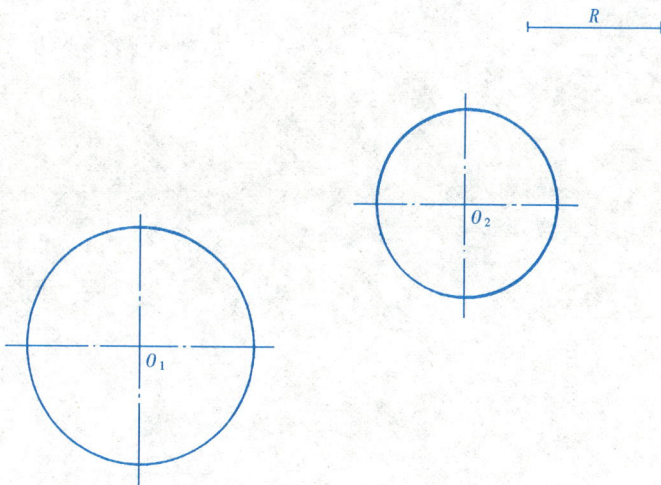

5. 根据长轴 AB 和短轴 CD 作一椭圆。

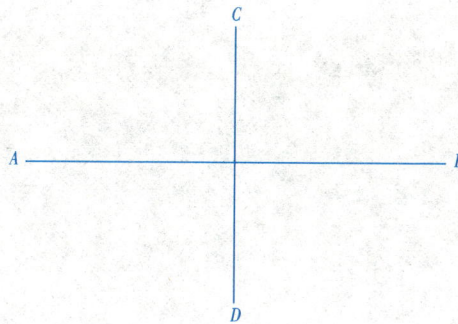

| 几何作图（一） | 班级 | | 姓名 | | 日期 | | 9 |

φ35

450

φ20

φ8

φ100

φ20

50

R10

φ10

φ20

φ30

40

50

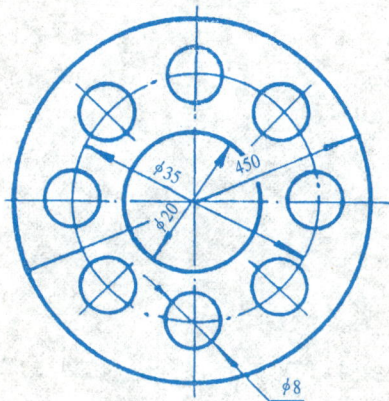

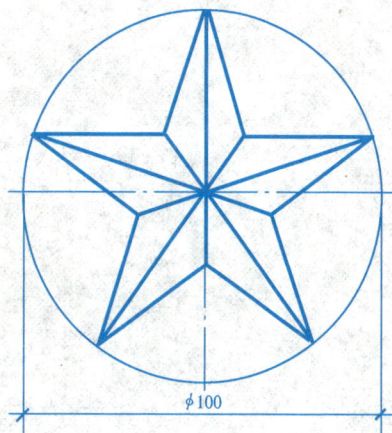

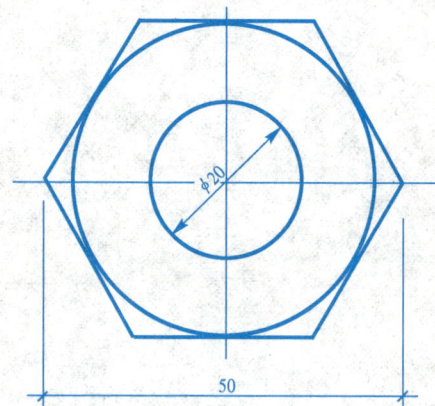

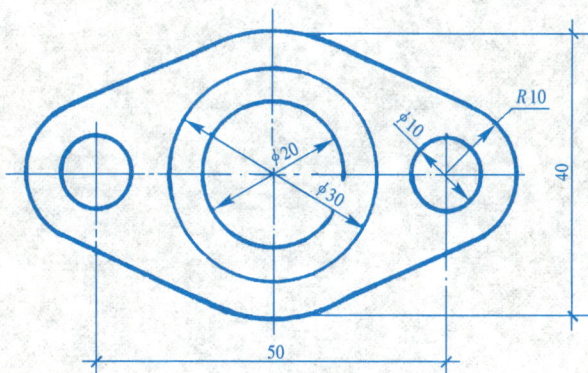

作业要求:(1) 根据所给四个图形选择三个图形作图。
(2) 用 A3 幅面绘图纸,按 2:1 比例用铅笔绘制。

几何作图(二)

| 班级 | | 姓名 | | 日期 | | 10 |

①

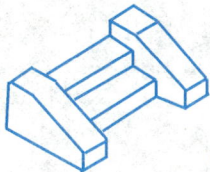

②

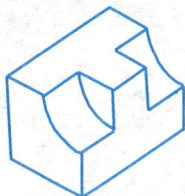

③

④

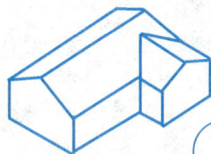

⑤

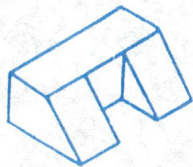

⑥

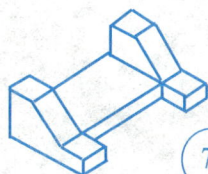

⑦

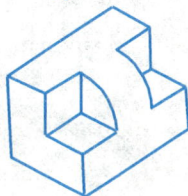

⑧

⑨

⑩

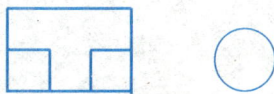

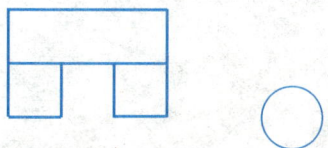

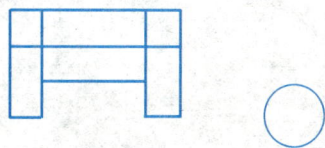

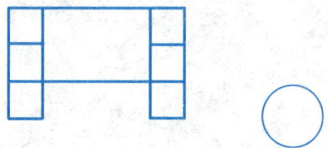

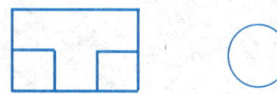

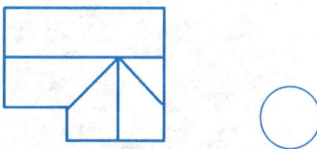

投影的基本知识（一）——根据直观图找出对应的投影图

班级　　　姓名　　　日期　　　**11**

1.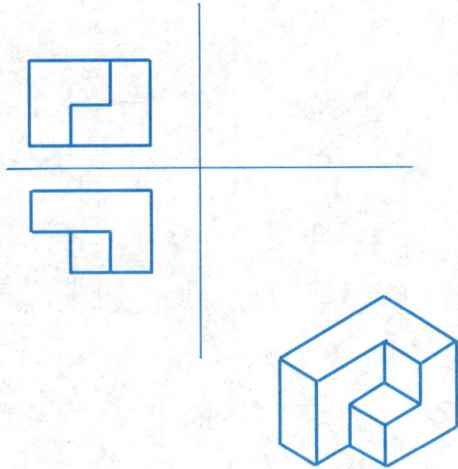

2.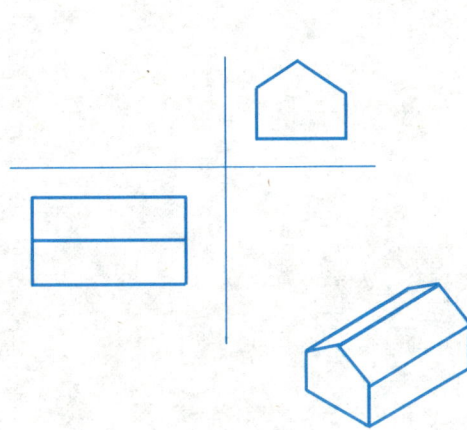

3.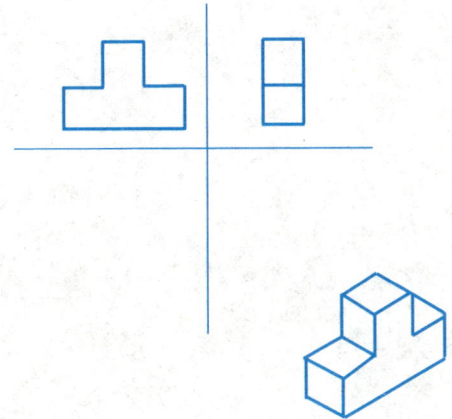

4.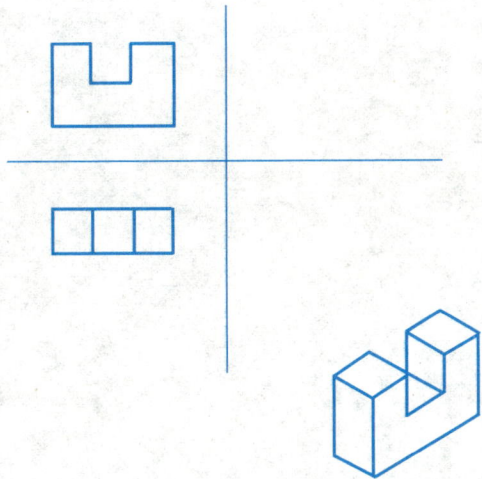

5.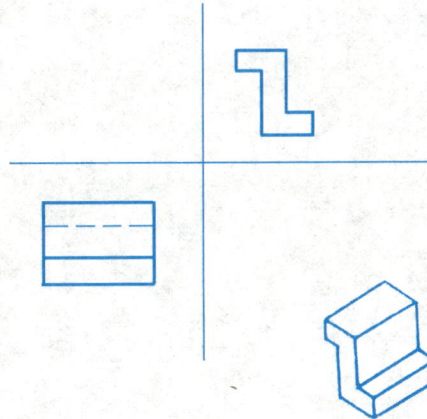

6.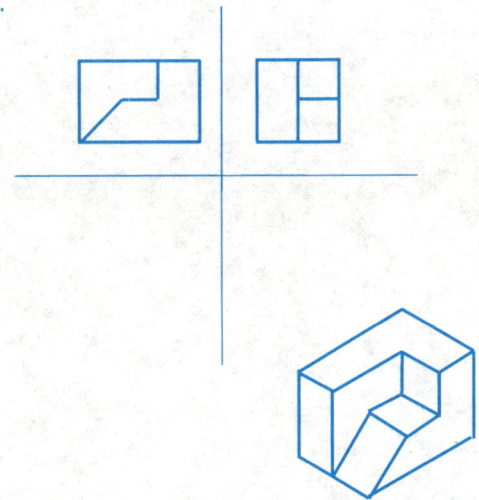

投影的基本知识（二）——根据直观图补绘投影图　　班级　　　　姓名　　　　日期　　　12

1.

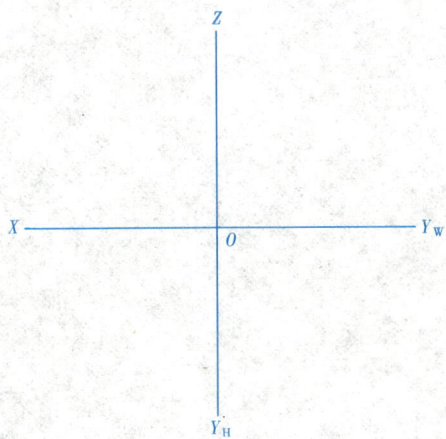

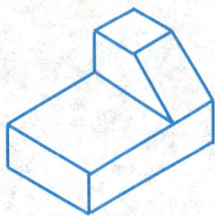

2.

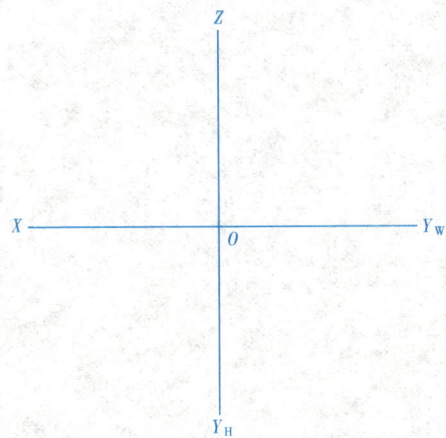

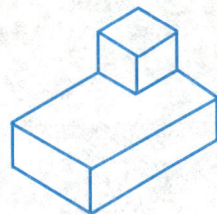

3.

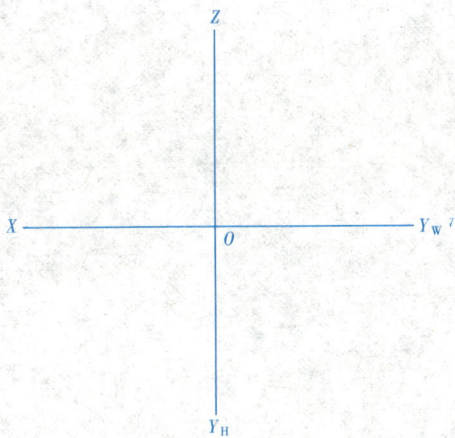

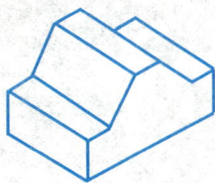

4.

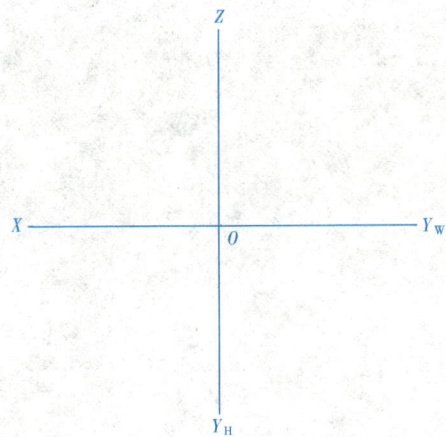

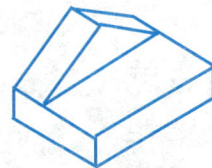

5.

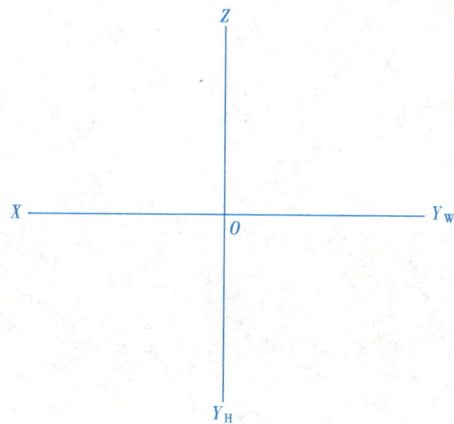
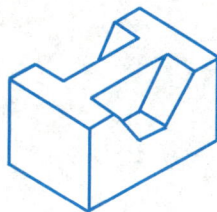

6.

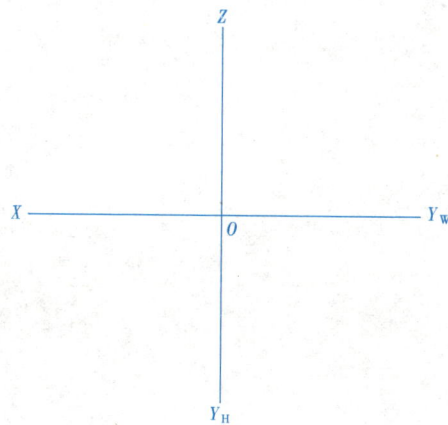
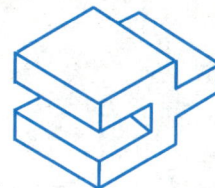

7.

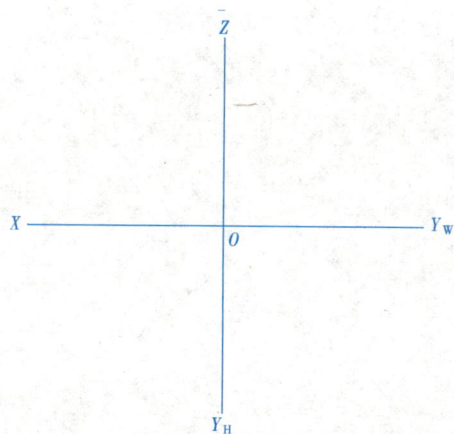
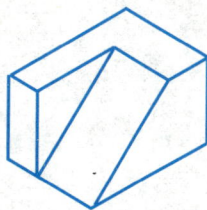

8.

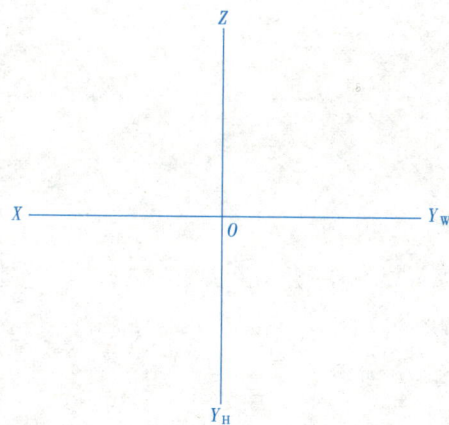
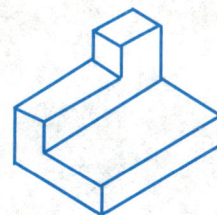

投影的基本知识（四）——根据直观图画出三面正投影图（尺寸在直观图上量取）

| 班级 | | 姓名 | | 日期 | | 14 |

1. 已知形体的直观图和投影图,在投影图上标出点 A、B、C 的投影。

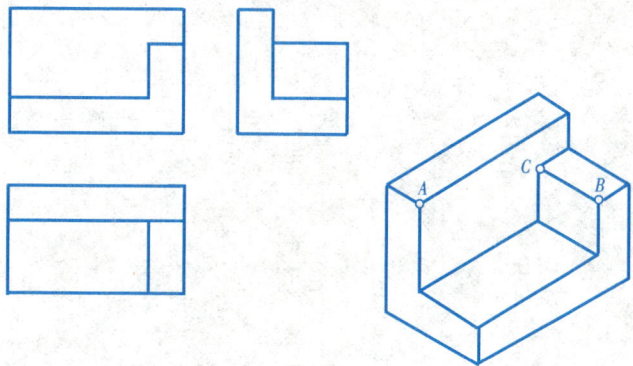

2. 已知形体的直观图和投影图,在直观图上标出点 D、E、F 的位置。

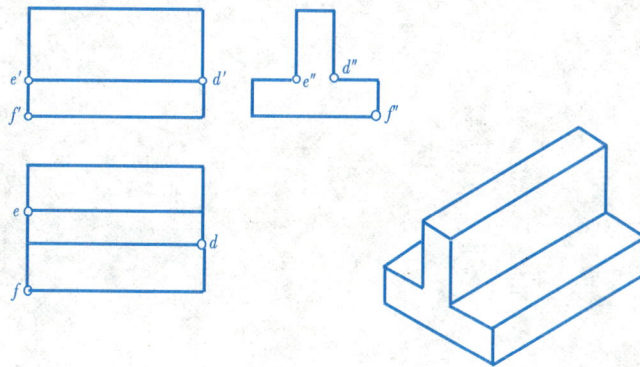

3. 根据点的直观图,作出三面正投影图(从直观图上直接量取尺寸)。

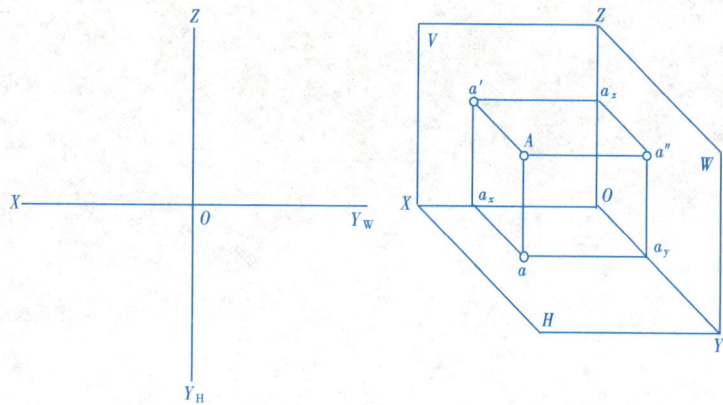

4. 已知 $C(8,10,15)$,作其三面投影和直观图。

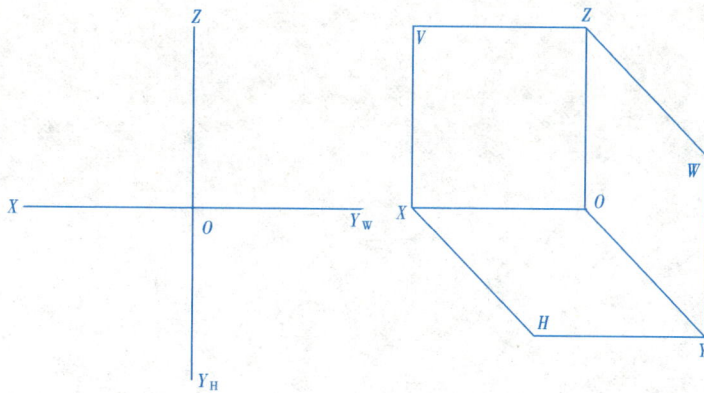

点的投影(一)

5. 根据点的两面投影,作出第三面投影。

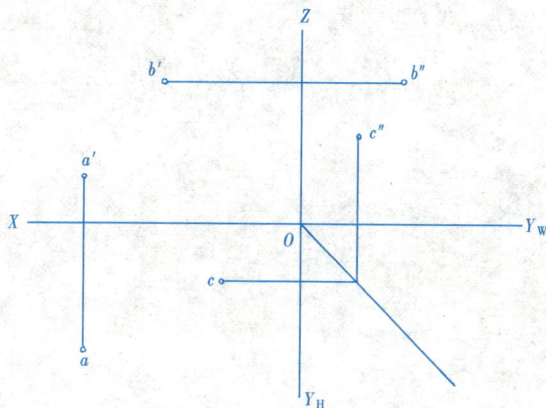

6. 根据点的两面投影,作出第三面投影,并填写出这些点的空间位置。

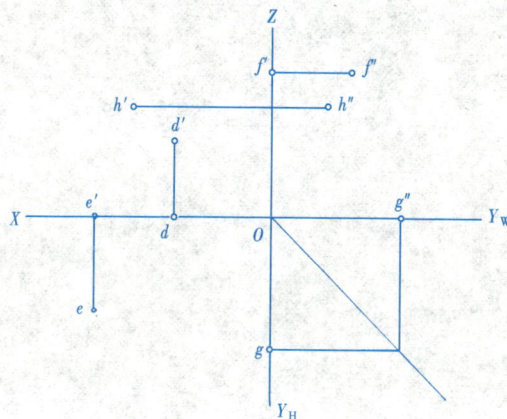

点	空间位置
D	
E	
F	
G	
H	

7. 已知 $A(20,10,5)$,$B(25,15,20)$,$C(15,20,15)$,求作点 A、B、C 的三面投影图,并指出它们的相对位置。

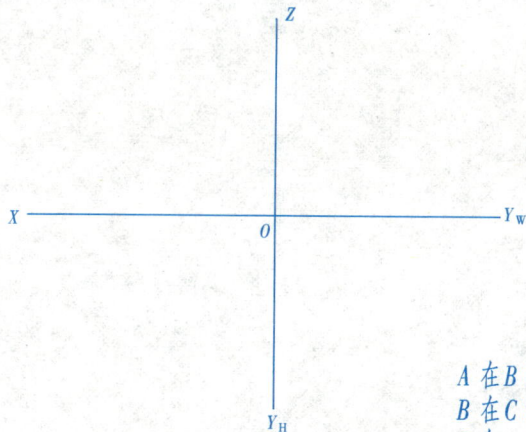

A 在 B 的 _____ 方

B 在 C 的 _____ 方

C 在 A 的 _____ 方

8. 已知点到投影面的距离,求作点的三面投影图。

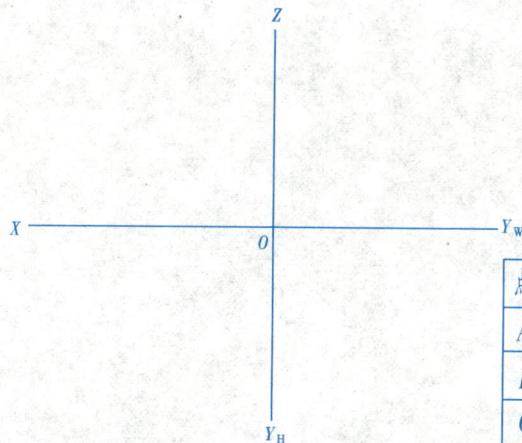

点	距 H	距 V	距 W
A	20	0	20
B	0	15	10
C	10	10	25

点 的 投 影 (二)

| 班级 | | 姓名 | | 日期 | | 16 |

9. 已知点 $A(10,10,30)$,点 $B(0,15,20)$,点 C 在 A 的左方15,下方10,前方10,求作点 A、B、C 的三面投影。

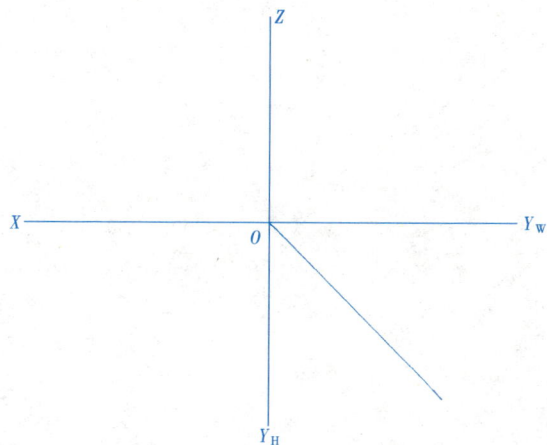

10. 已知点 A 的投影,求作点 B、C、D 的投影,使 B 点在 A 的正右方5mm,C 点在 A 的正前方15mm,D 点在 A 的正下方10mm。

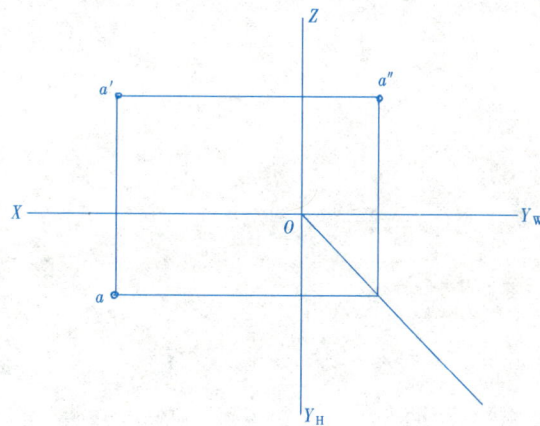

11. 已知点 $E(30,0,20)$、$F(0,0,20)$,点 G 在点 E 的正前方25,求作点 E、F、G 的三面投影,并判别可见性。

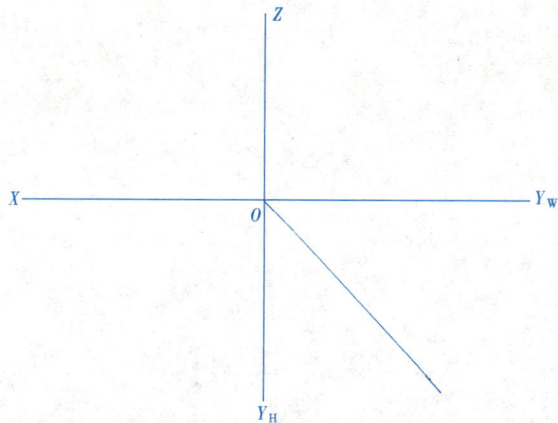

12. 求作点 A、B、C、S 的第三面投影,并把同面投影用直线连接起来。

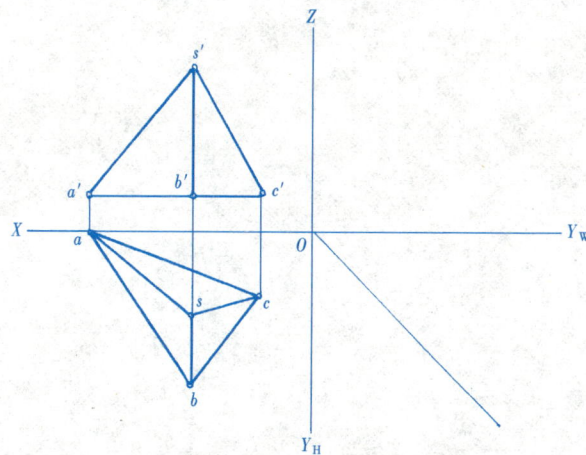

点的投影(三)

| 班级 | | 姓名 | | 日期 | | 17 |

1. 根据形体直观图和投影图上直线的投影,判别直线 AB、BC、BG、GE、GH、HF 对投影面的相对位置。

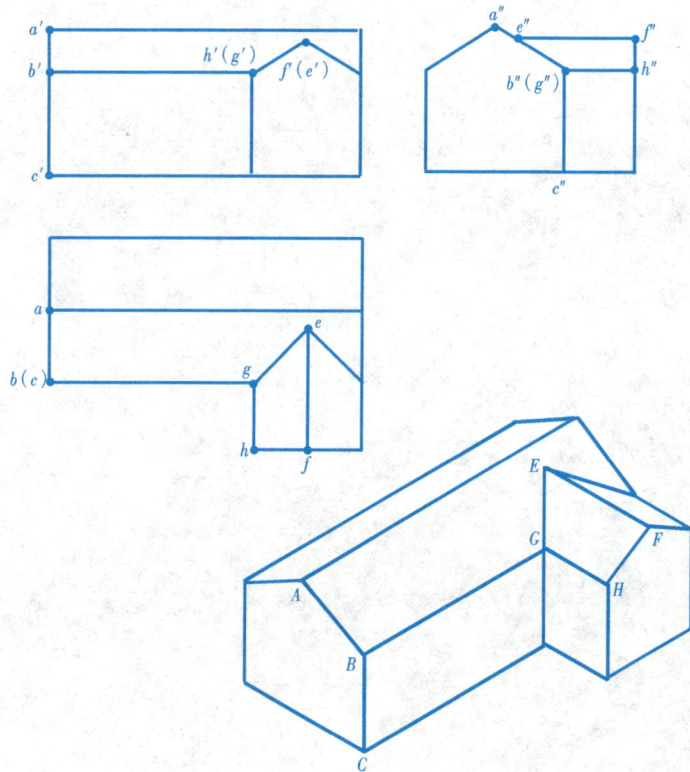

AB 是_____线　　　　　GE 是_____线

BC 是_____线　　　　　GH 是_____线

BG 是_____线　　　　　HF 是_____线

2. 根据形体的直观图,在投影图上标出直线 AB、BC、CD、EF 的投影,并判别它们对投影面的相对位置。

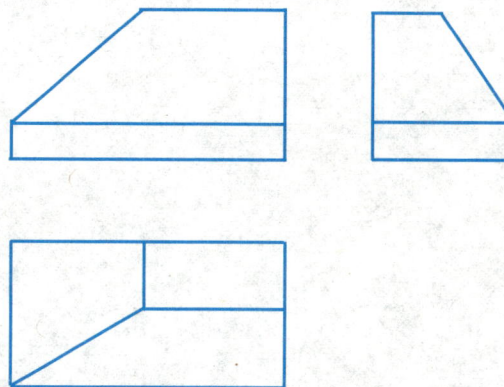

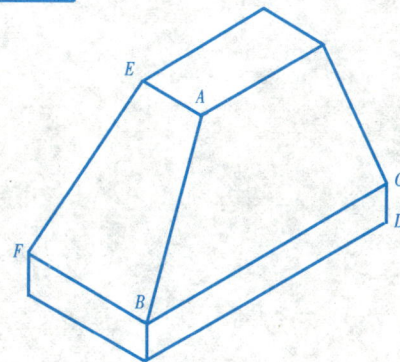

AB 是_____线

BC 是_____线

CD 是_____线

EF 是_____线

3. 已知直线 AB 两端点坐标 A(30,15,10)、B(15,5,25),作直线的三面投影图及直观图。

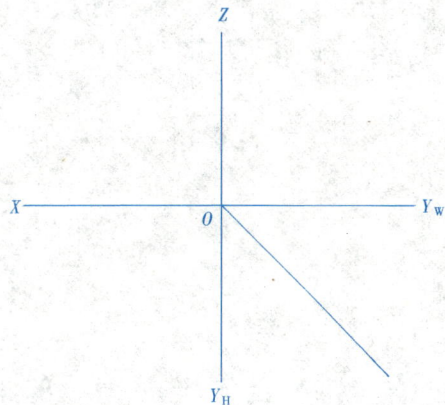

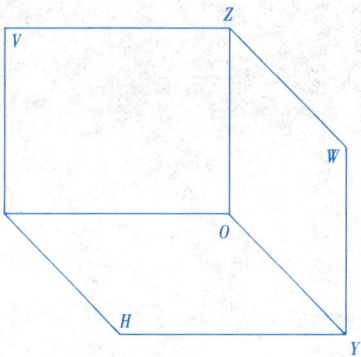

4. 已知直线 AB、CD、EF、GH 的两面投影,作第三面投影,并判别它们对投影面的相对位置,在投影图上反映倾角实形处用 α、β、γ 表示之。

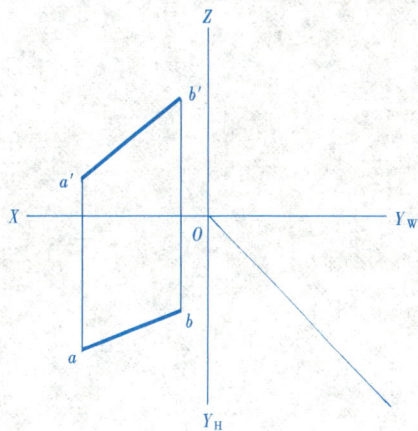

AB＿＿＿线

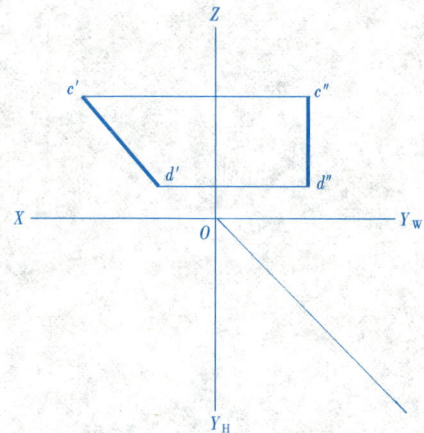

CD＿＿＿线

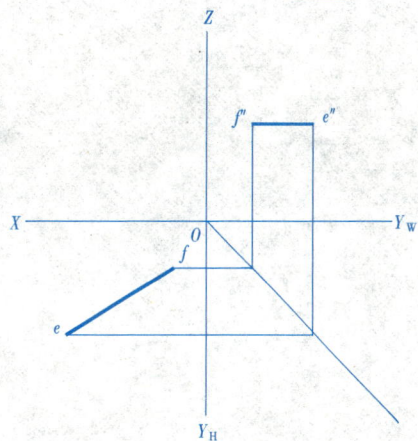

EF＿＿＿线

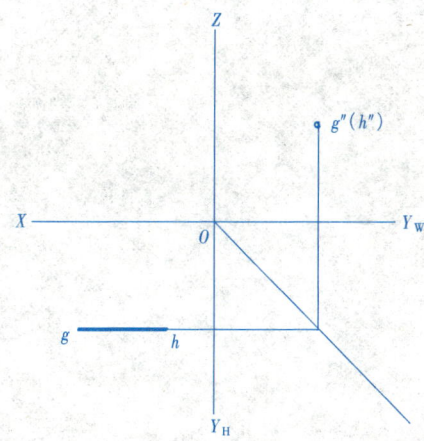

GH＿＿＿线

直线的投影（二）

| 班级 | | 姓名 | | 日期 | | 19 |

5. 过 A 点作水平线 AB，AB 的实长为 20mm，
   β = 30°。

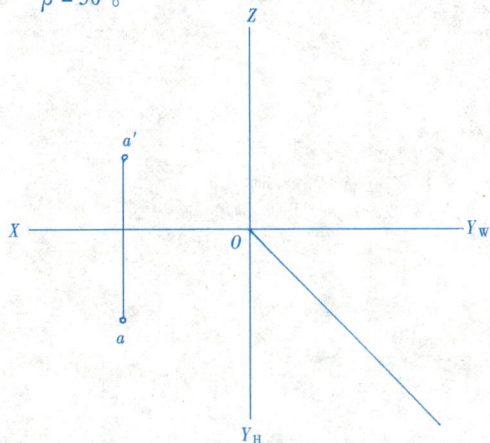

6. M(20,15,12) 为直线 AB、CD 的交点。AB 为正平
   线，α = 30°，长为 mm；CD 为水平线，β = 60°，长
   为 20mm。作 AB、CD 的三面投影。

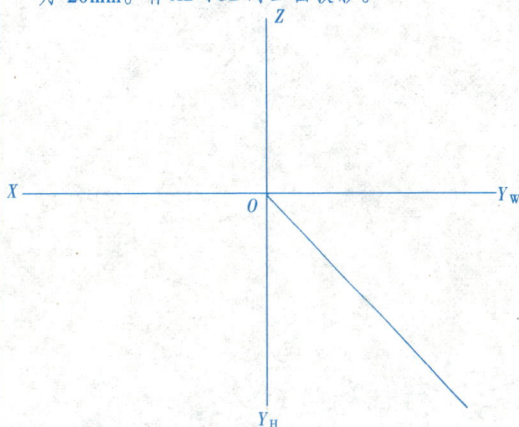

7. 已知侧平线 CD，实长为 25mm，α = 45°，距离 W
   面 15mm，且 C 在 X 轴上，作 CD 的三面投影图。

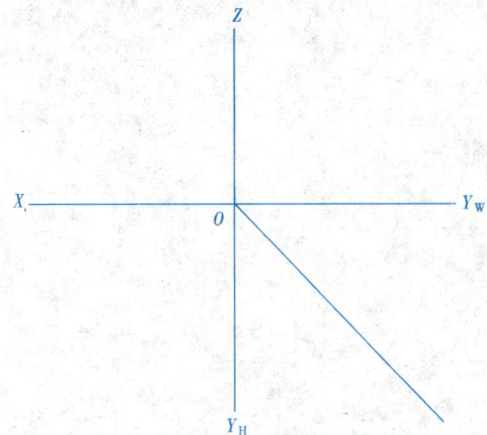

8. 已知 E(20,10,15)，过 E 作一实长为 20mm 的
   正垂线 EF，F 在 E 前。

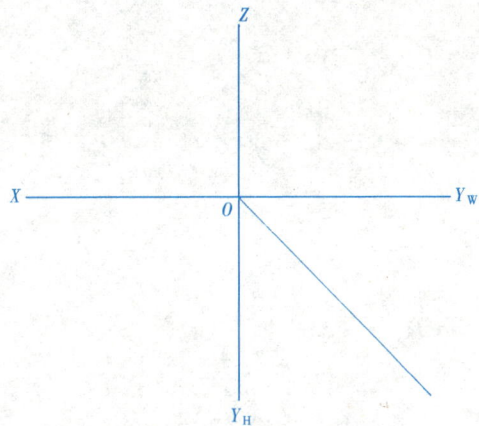

9. 已知直线 MN 平行于 V 面，M、N 距 H 面分别
   为 10mm 和 15mm，求直线 MN 的三面投影。

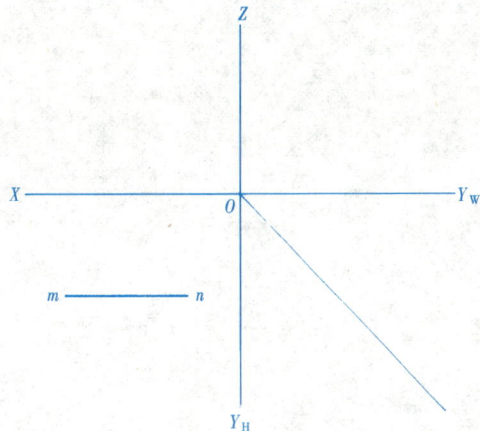

10. 过 K 点作一正平线 KL，到 V 面距离为 20mm，
    α = 45°，两端点 ΔZ = 15mm。

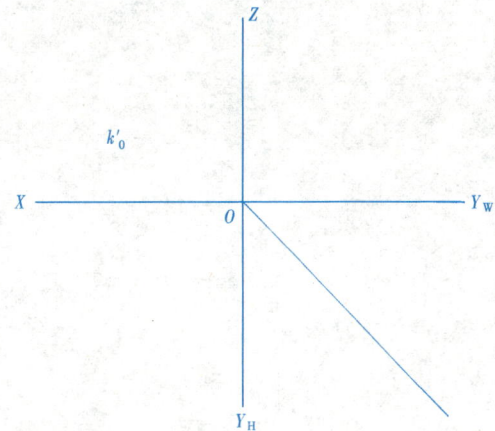

11. 判别下列各点是否在直线上。

(1)

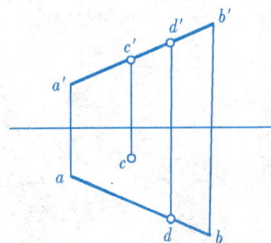

(2)

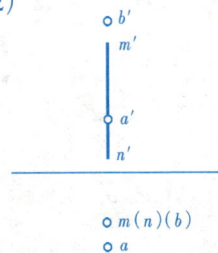

C 点＿＿＿直线 AB 上

D 点＿＿＿直线 AB 上

A 点＿＿＿直线 MN 上

B 点＿＿＿直线 MN 上

12. 已知直线 MN 和点 E、F 的两面投影,试作图判别 E、F 点是否在直线上。

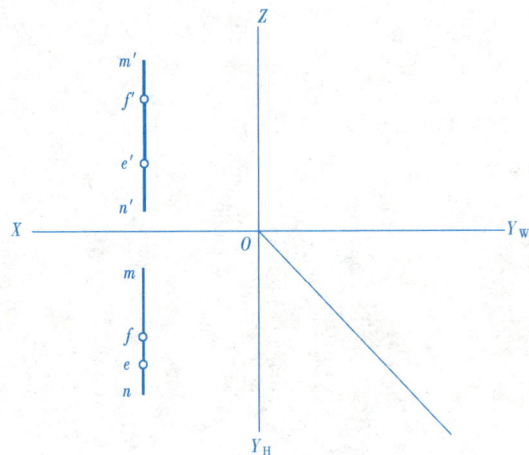

13. 已知点 K 在直线 MN 上,求其另一面投影。

(1)

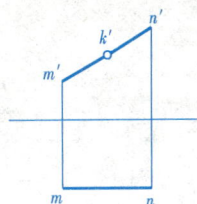

(2)

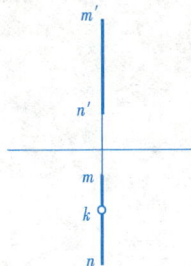

(3)

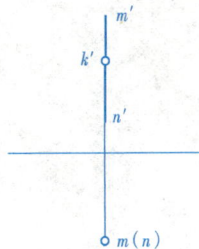

14. 已知点 N 在直线 EF 上,且 EN：NF = 3：2,求点 N 的投影。

(1)

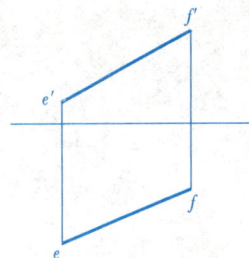

(2)

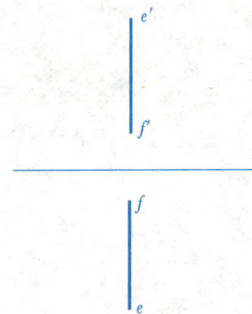

1.根据直观图,在投影图中相应位置注上平面 P、Q、R、S 的投影,并判别它们对投影面的相对位置。

平面 P 是_____面

平面 Q 是_____面

平面 R 是_____面

平面 S 是_____面

2.根据投影图中的标注,在直观图上相应位置注上平面 P、Q、R、S 符号,并判别它们对投影面的相对位置。

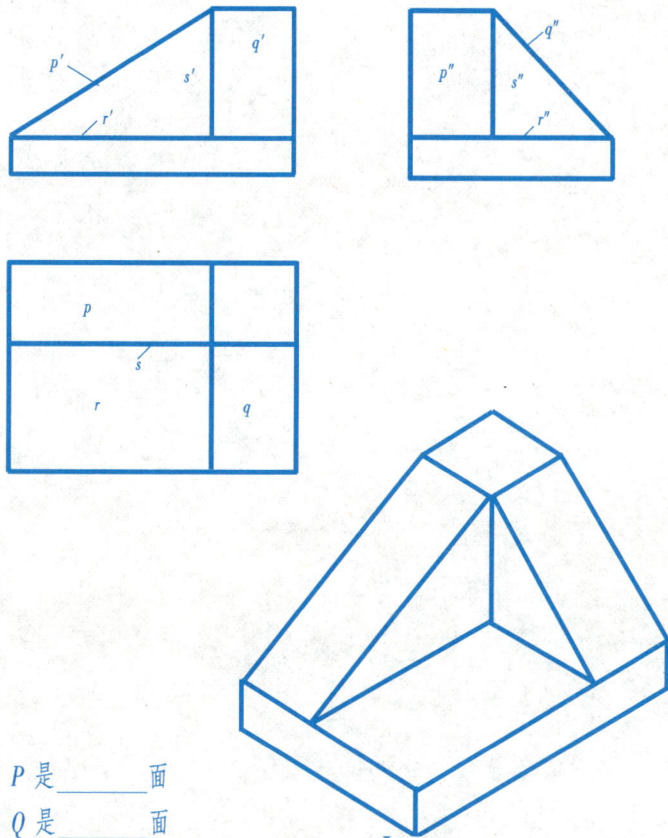

平面 P 是_____面

平面 Q 是_____面

平面 R 是_____面

平面 S 是_____面

3. 根据平面的两投影,作第三投影,并判别其对投影面的相对位置。

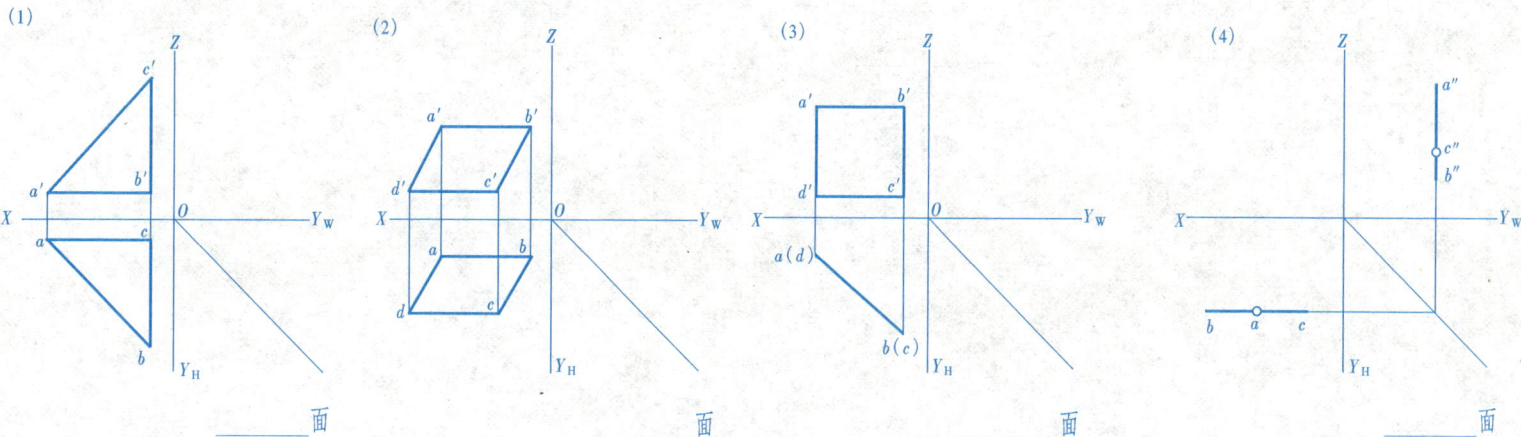

(1)

(2)

(3)

(4)

_____面

_____面

_____面

_____面

4. 铅垂面 ABC ,$\beta = 30°$,且 C 在 B 的左前方。作 ABC 的水平投影及侧面投影。

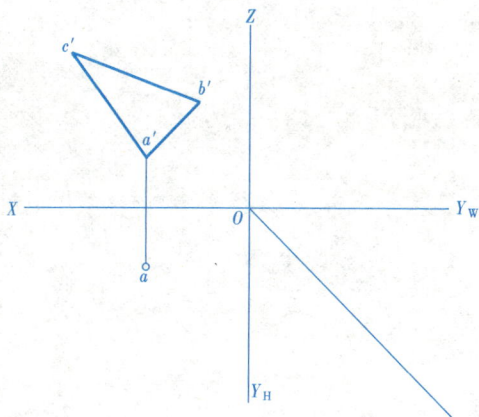

5. 正垂面 $ABCDE$,$\alpha = 45°$,且 A 距离 H 面为15mm,作 $ABCDE$ 的正面投影及侧面投影。

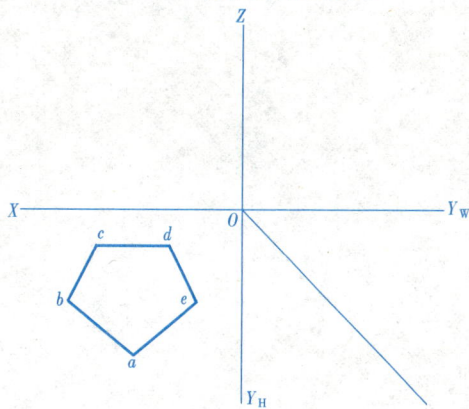

6. 作距离 H 面20mm的水平面 $ABCDEF$ 的正面投影及侧面投影。

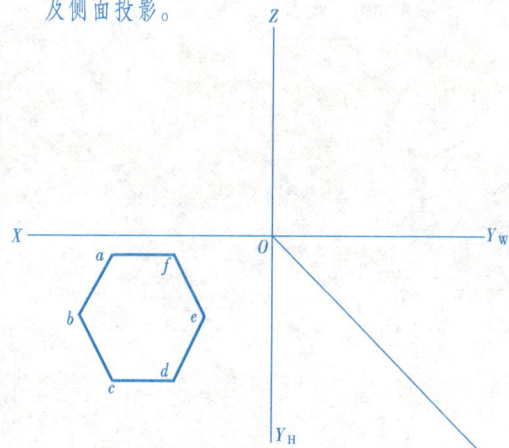

7. 点 K 在所给平面 ABC 上,并知其一个投影,求作点 K 的另一个投影。

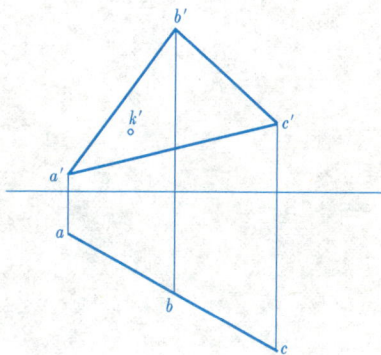

8. 已知点 M、N 在 △ABC 所决定的平面上,分别作出它们的另一投影。

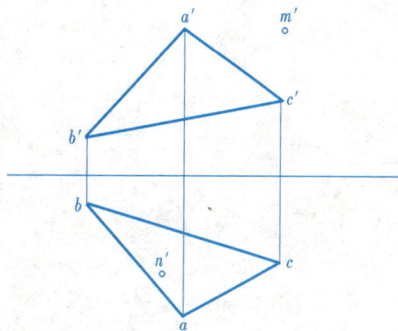

9. 已知直线 MN 在 △ABC 所决定的平面内,求直线的另一投影。

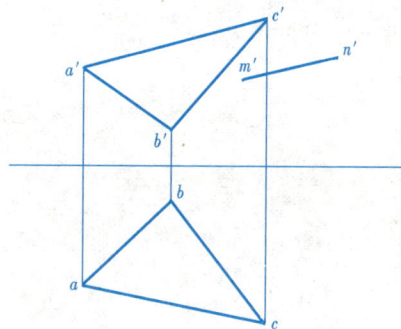

10. 已知直线 EF 在平面上,求直线的另一投影。

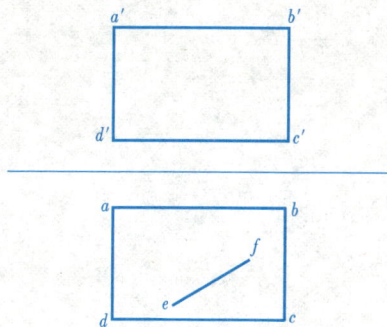

11. 判别点 K、L 是否在 △ABC 的平面上 。

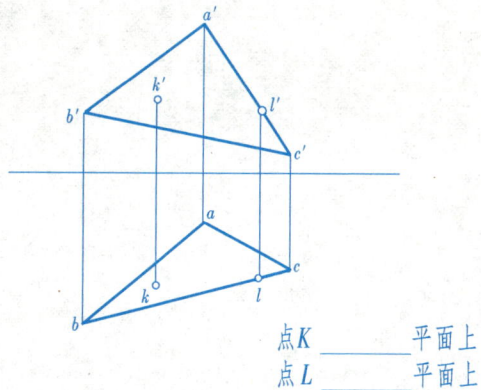

点 K _____ 平面上
点 L _____ 平面上

12. 判别直线 MN 是否在 △ABC 的平面上 。

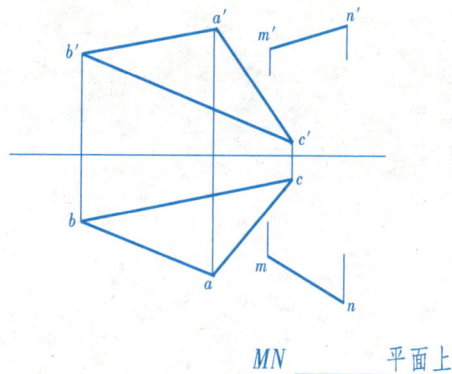

MN _____ 平面上

13. 在△ABC 平面上有一点D，其位置比点 A 高 10mm，前 8mm，作点 D 的两面投影。

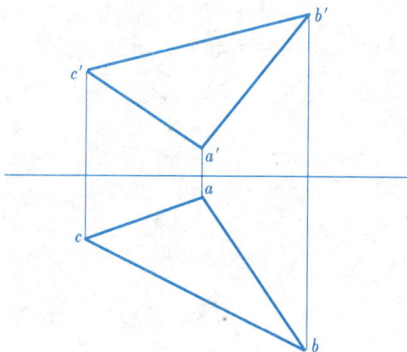

14. 在平面内过点 B 作正平线 BD。

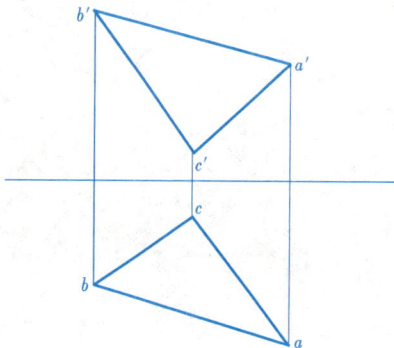

15. 在平面内作水平线 EF，距 H 面为 15mm。

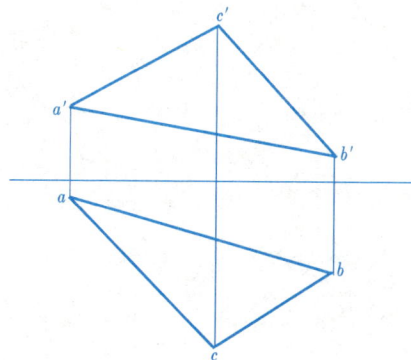

16. 根据已知投影，完成五边形 ABCDE 的正面投影。

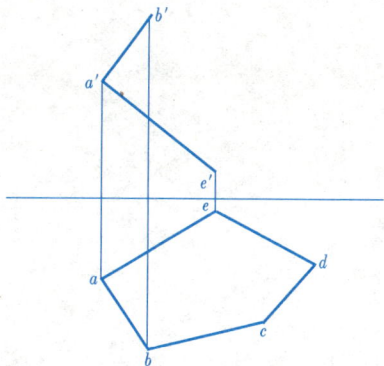

17. 已知△ABC 在矩形 DEFG 上，作△ABC 的 H 投影。

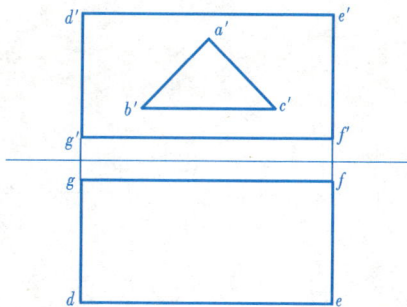

18. 已知四边形 ABCD 上 K 字的 V 面投影，求 K 字的 H 投影。

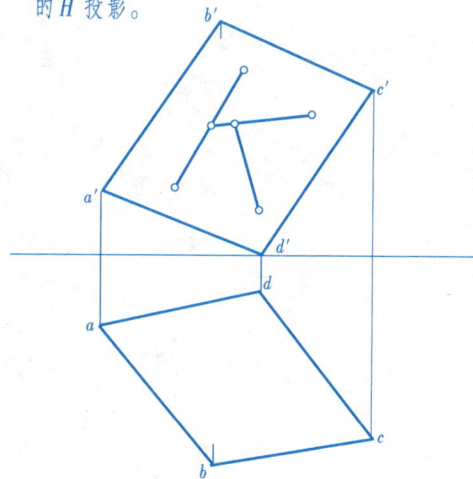

1. 已知五棱柱高 20mm,底面与 H 面平行且距离为 4mm,求作五棱柱体的投影。

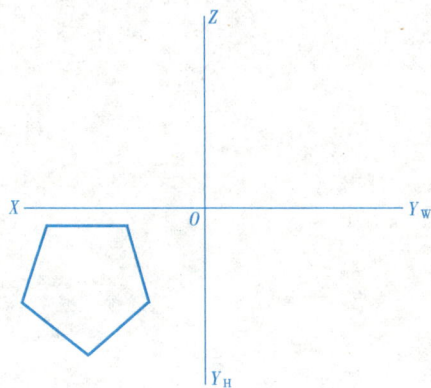

Z

X —————— O —————— Y_W

Y_H

2. 已知六棱锥体高 20mm,底面与 H 面平行且距离为 3mm,求作六棱锥体的投影。

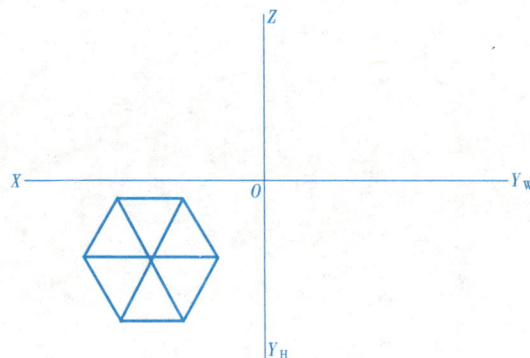

Z

X —————— O —————— Y_W

Y_H

3. 已知正四棱锥底边边长 15mm,高 20mm,底面与 H 面平行,距离为 4mm,且有一底边与 V 面成 45°角,求作四棱锥体的三面投影。

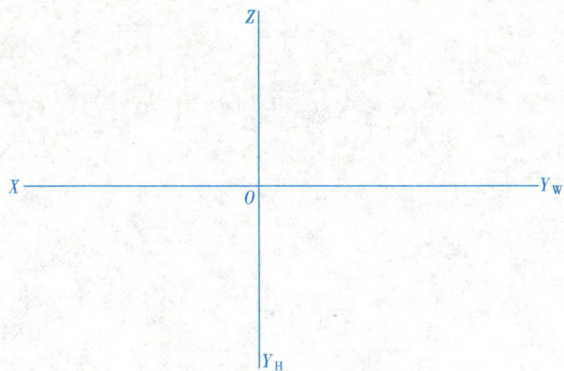

Z

X —————— O —————— Y_W

Y_H

4. 已知正三棱柱底边边长 20mm,高 25mm,底面与 H 面平行,距离为 2mm,且有一底边平行 V 面,求作三棱柱体的三面投影。

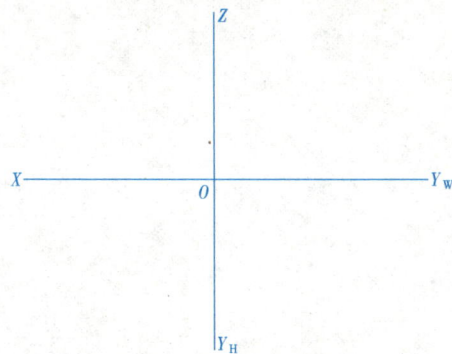

Z

X —————— O —————— Y_W

Y_H

| 基本体的投影(一) | | 班级 | | 姓名 | | 日期 | | 26 |

5. 根据平面体的两面投影, 补绘第三面投影。

(1)

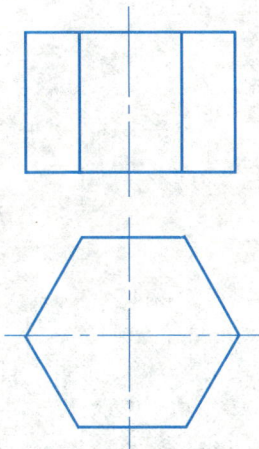

(2)

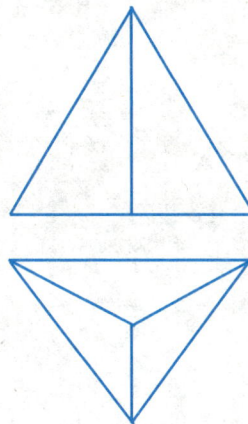

(3)

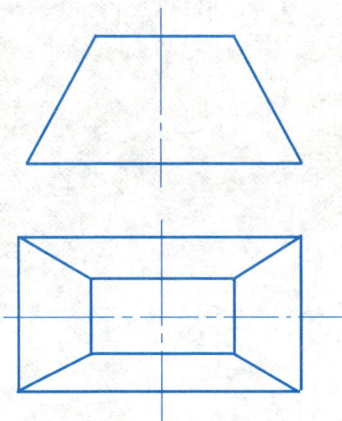

(4)

| 基本体的投影 (二) | 班级 | | 姓名 | | 日期 | | 27 |

6. 求作形体表面上 A、B、C、D 四点的另外两面投影。

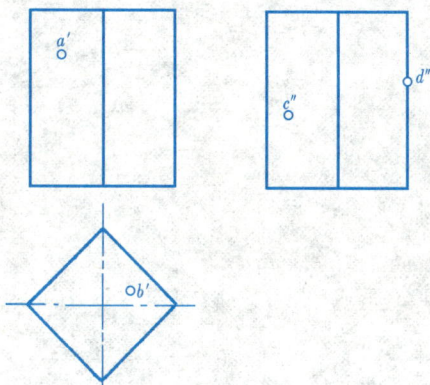

7. 补绘形体的 W 面投影,并求出形体表面上折线 ABC,和直线 DE 的另外两面投影。

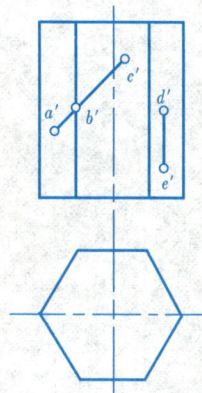

8. 求作形体表面上 A、B、C、D 四点的另外两面投影。

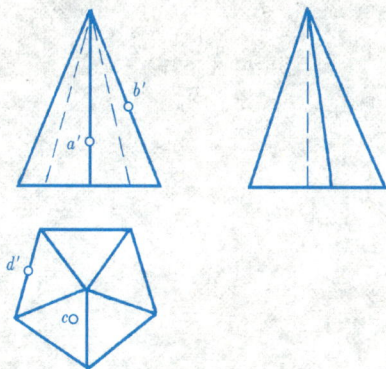

9. 补绘形体的 W 面投影,并求出形体表面上折线 ABC 的另外两面投影。

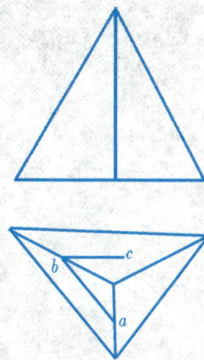

10. 已知圆柱体高 20mm, 求作圆柱体的投影。

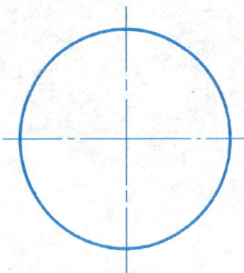

11. 已知圆锥体高 20mm, 求作圆锥体的投影。

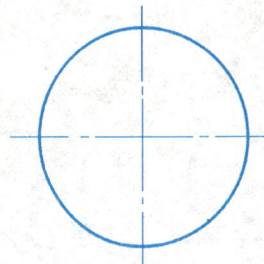

12. 求作球体的投影。

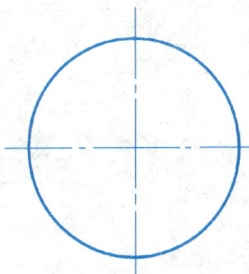

13. 求作1/2 球体的投影。

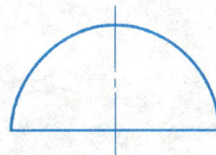

14. 已知曲面体的两个投影补绘第三投影,并根据其表面上点和曲线的一个投影,求作其他两个投影。

(1)

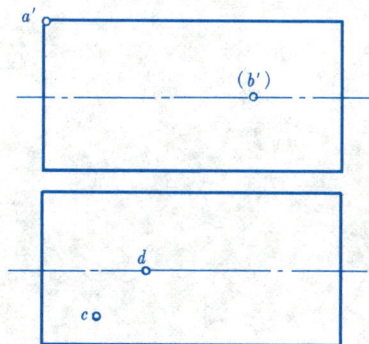

(2)

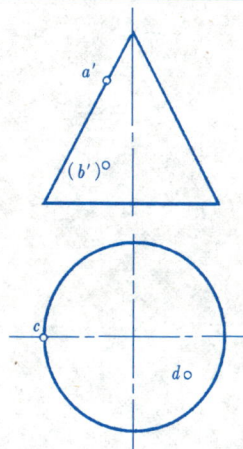

(3)

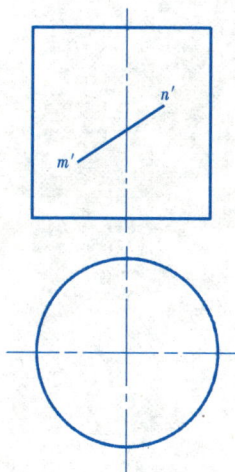

(4)

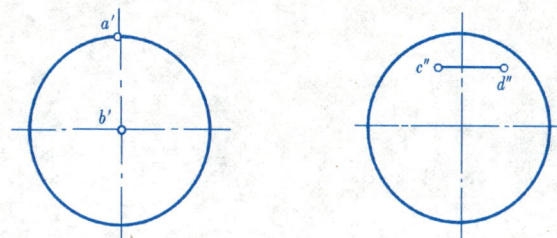

基本体的投影(五)

| 班级 | | 姓名 | | 日期 | | 30 |

1. 根据直观图,作出组合体的三面投影图。

(1)

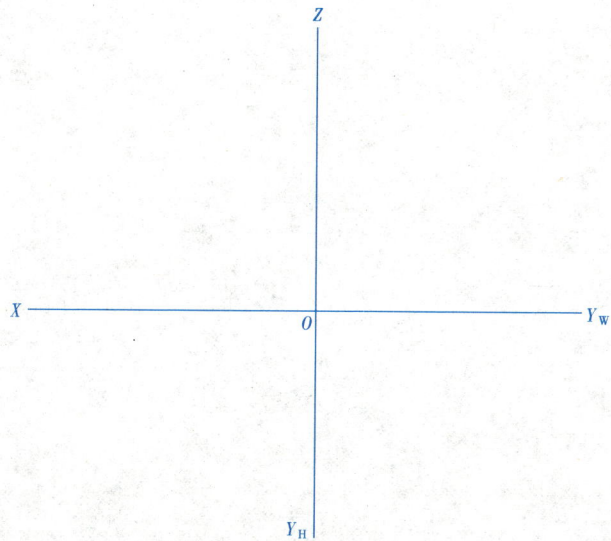

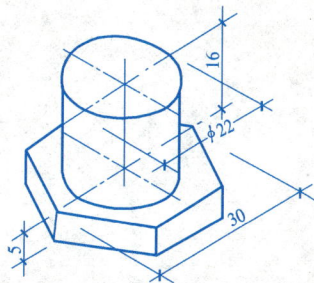

(2)

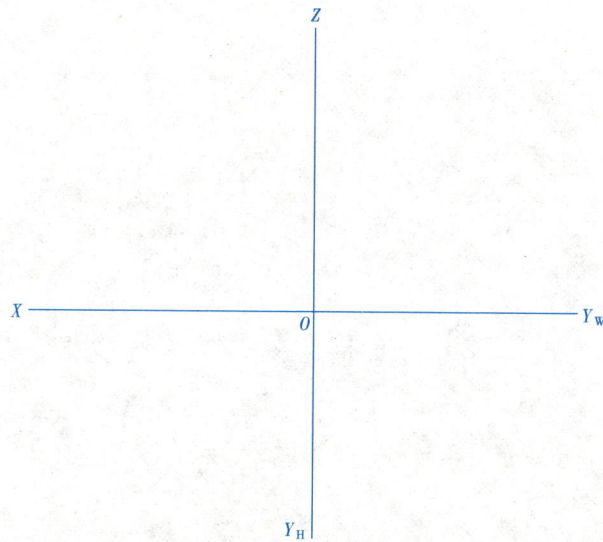

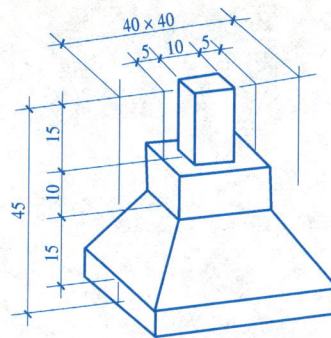

| 组合体的投影(一) | 班级 | | 姓名 | | 日期 | | 31 |

(3)

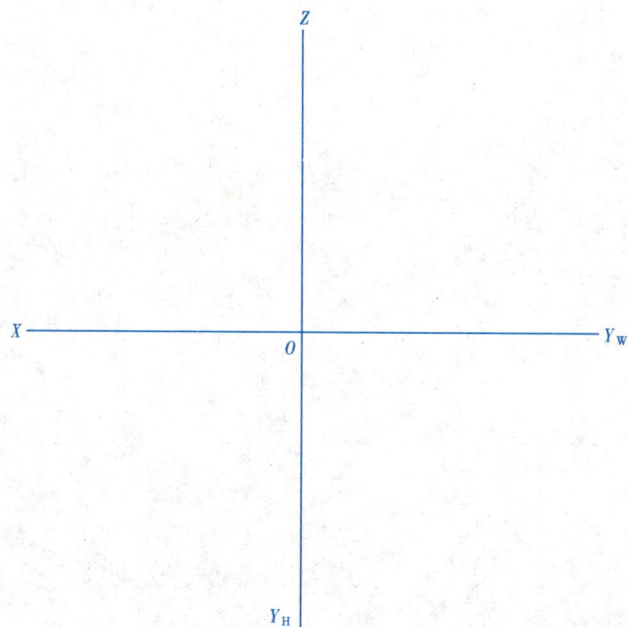

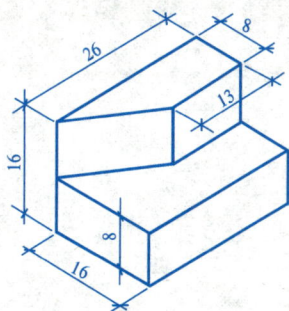

(4)

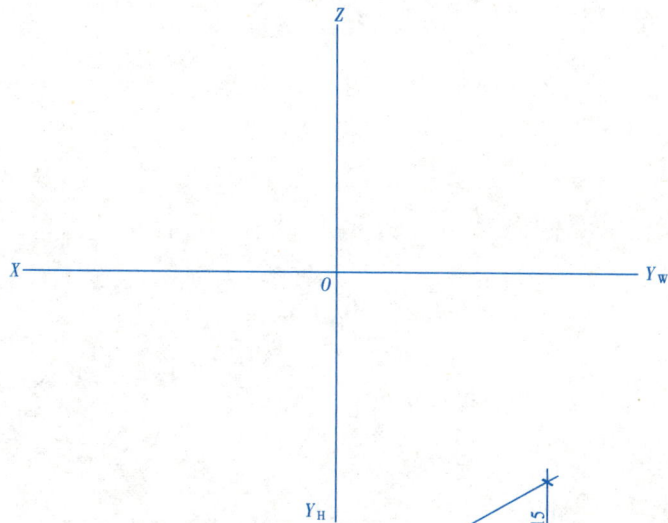

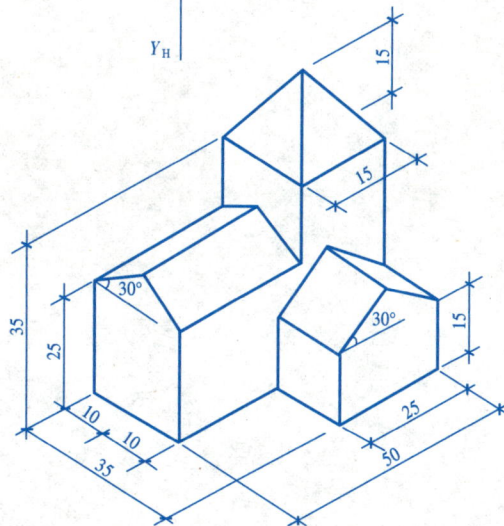

2.根据直观图,作出组合体的三面投影图,并标注尺寸。

(1)比例 1:1。

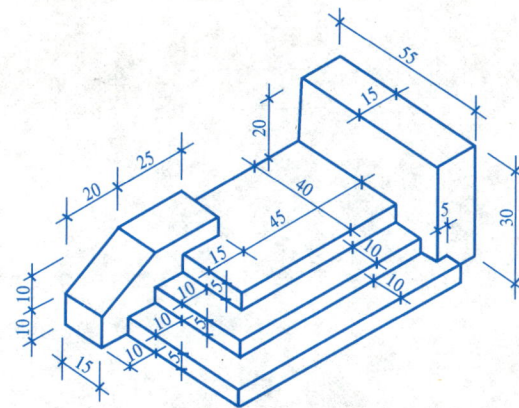

| 组合体的投影(三) | 班级 | | 姓名 | | 日期 | | 33 |

(2)比例1:2。

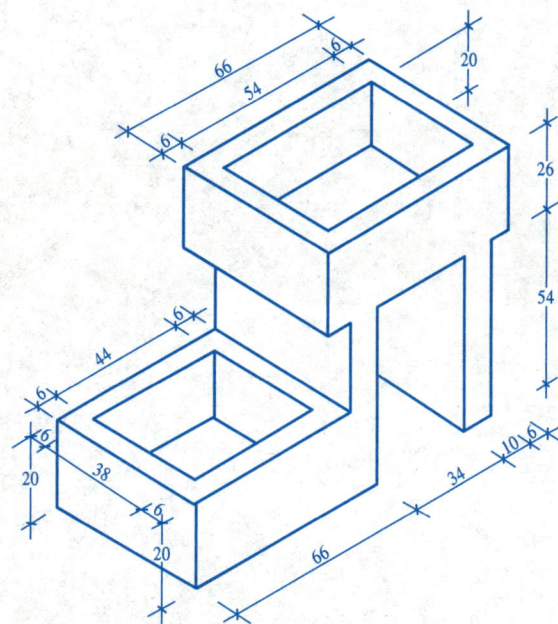

(3)比例 1:3。

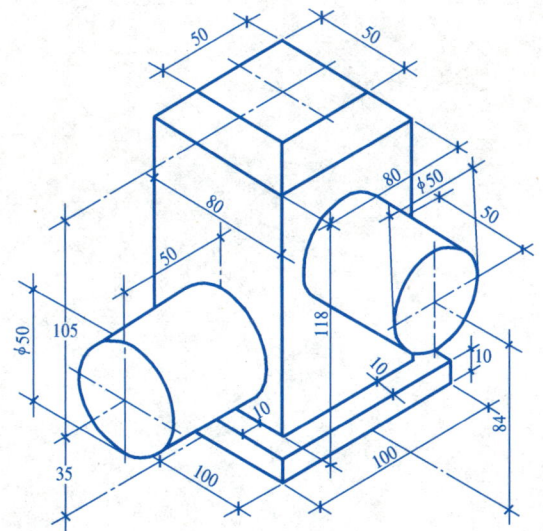

3.组合体投影图的画法。

作业说明:

(1)作业名称:组合体投影图的画法及尺寸标注。

(2)作业内容:根据轴测图,画出其三面投影图并标尺寸。

(3)作业要求:比例 1:1,A2 图幅,铅笔绘制。做到图线粗细均匀,线型分明,
投影及尺寸内容正确,字体注写工整,图面匀称,整洁。

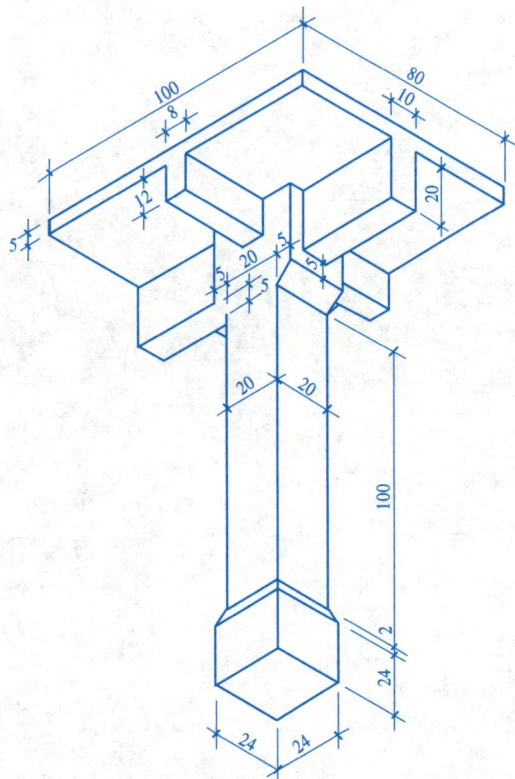

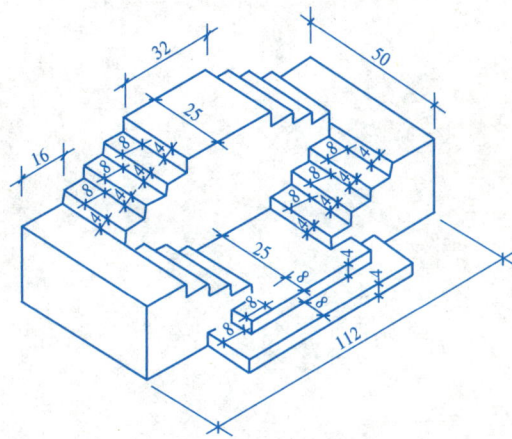

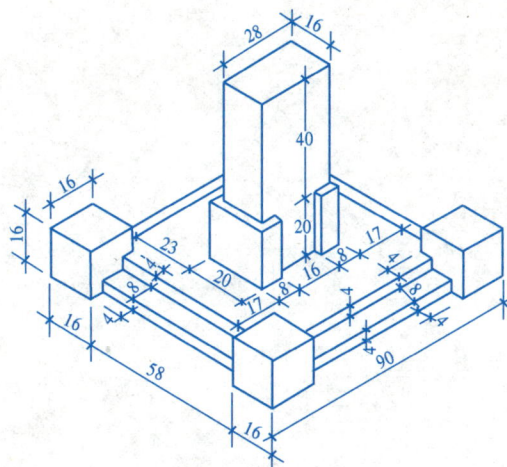

| | | 组合体的投影(六) | 班级 | | 姓名 | | 日期 | | 36 |

4. 根据组合体的两面投影,补绘第三面投影。

(1)

(2)

(3)

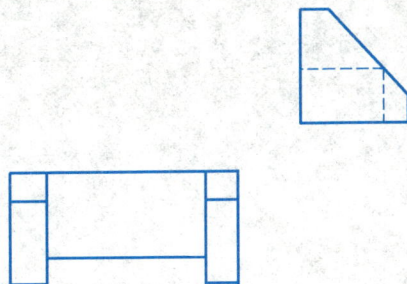

(4)

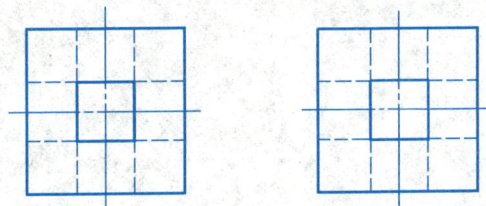

(5)

(6)

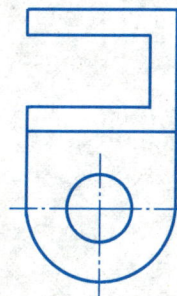
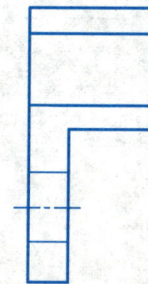

(7)

(8)

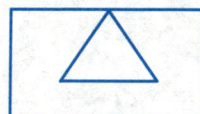

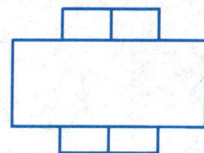

组合体的投影（八）

(9)

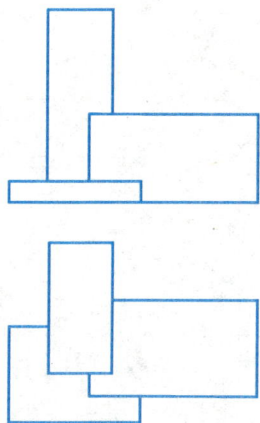

(10)

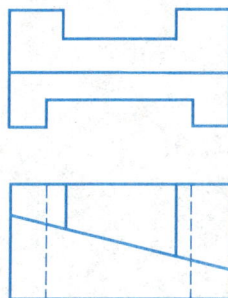

(11)

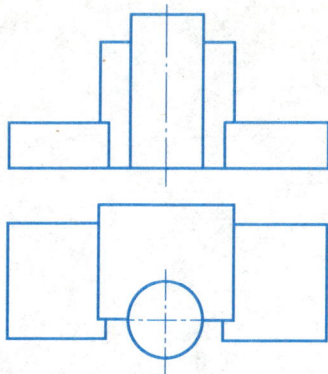

(12)

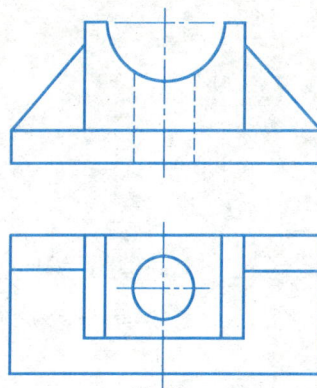

组合体的投影（九）

| 班级 | | 姓名 | | 日期 | | 39 |

(13)

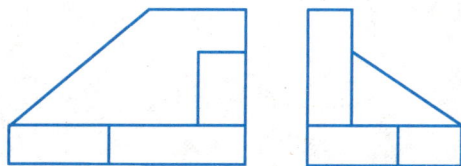

(14)

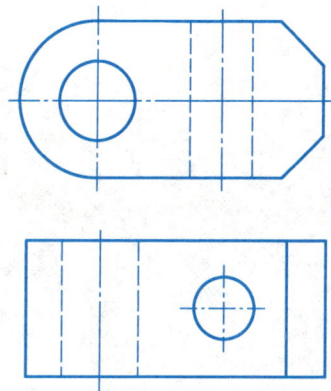

(15)

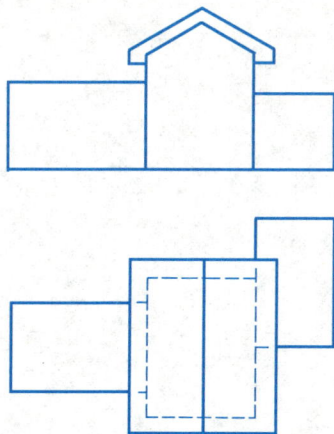

(16)

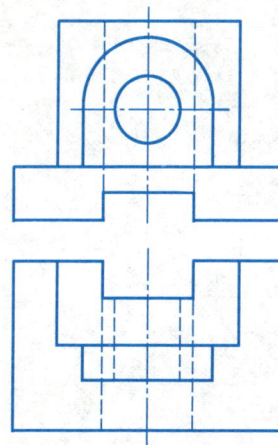

5.补画图中所缺的图线。

(1)

(2)

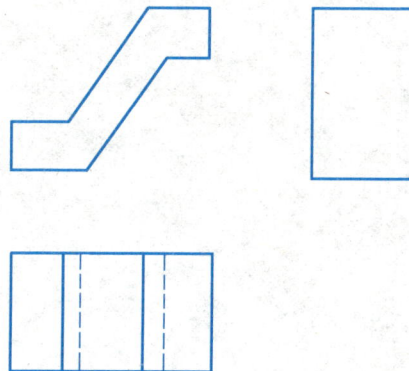

(3)

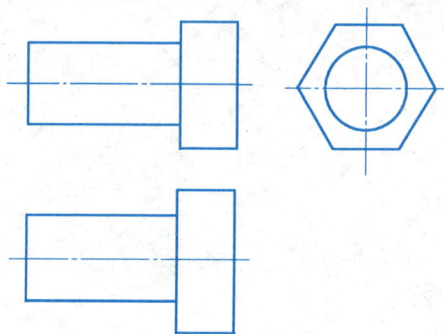

(4)

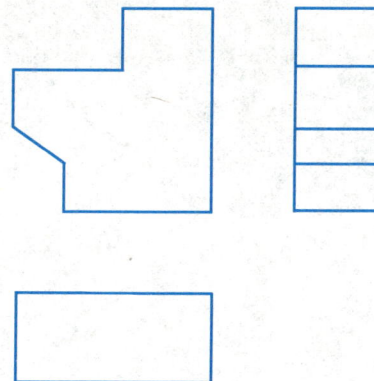

组合体的投影(十一)

| 班级 | | 姓名 | | 日期 | | 41 |

1.根据组合体的两面投影,补绘第三投影,并作正等测图。尺寸在投影图中量取。

(1)

(2)

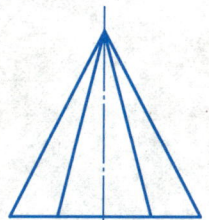

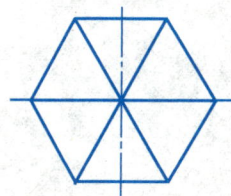

2. 根据组合体的投影图,作正等测图。尺寸在投影图中量取。

(1)

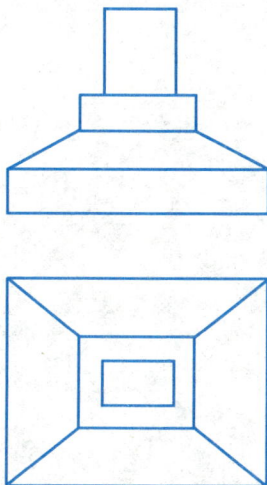

(2)

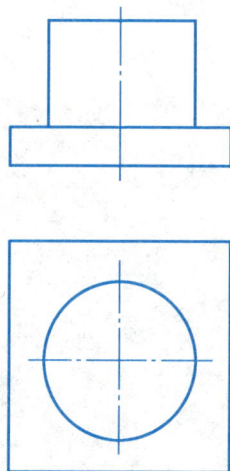

轴测投影(二)

班级　　　　姓名　　　　日期

(3)

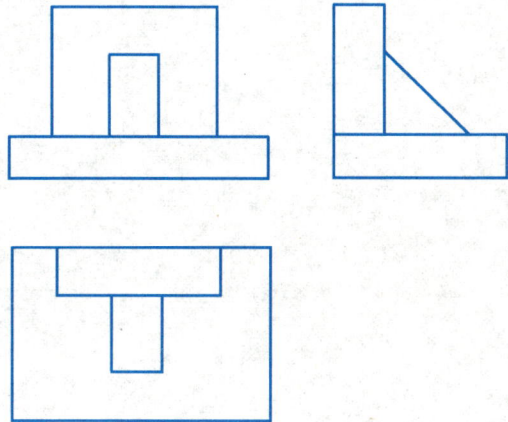

(4)

3. 根据组合体的正投影图,作斜轴测图。尺寸在投影图中量取。

(1)

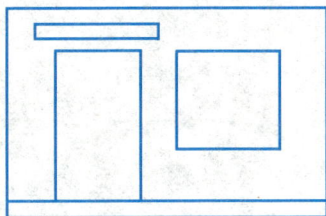

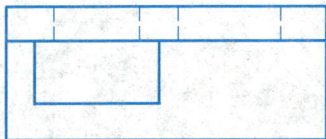

(2)

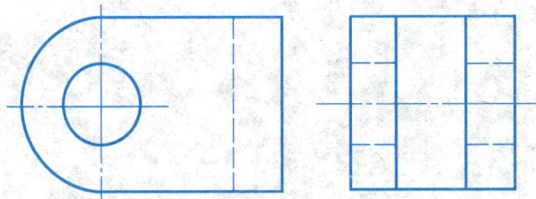

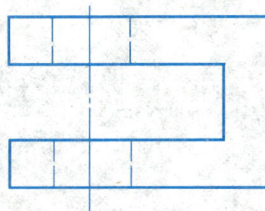

1. 在指定位置上作 1—1、2—2、3—3、4—4 剖面图。

(1)

1—1 剖面　　　　　　　　2—2 剖面

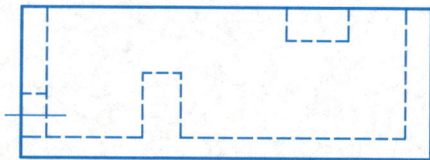
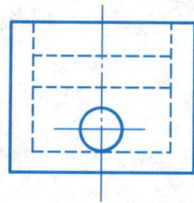

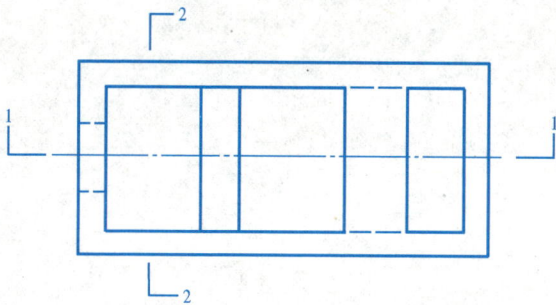

(2)

3—3 剖面　　　　　　　　4—4 剖面

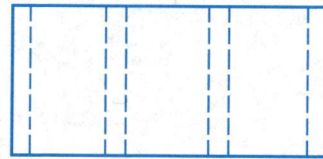

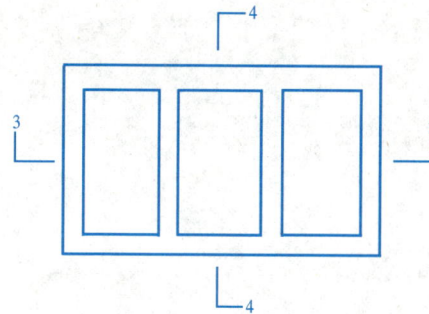

| 剖面图和断面图（一） | 班级 | | 姓名 | | 日期 | | 46 |

2.作组合体的 2—2、3—3、4—4 剖面图。

(1)

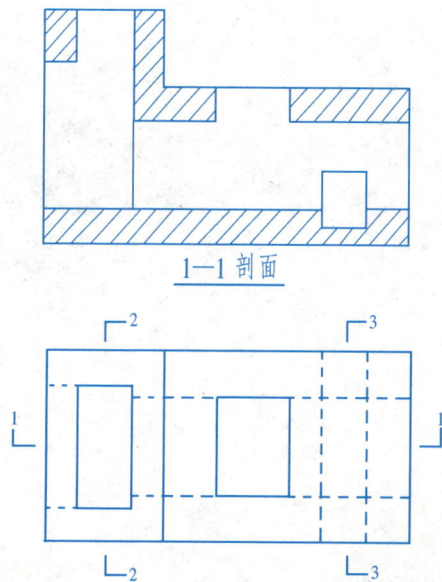

1—1 剖面

(2)

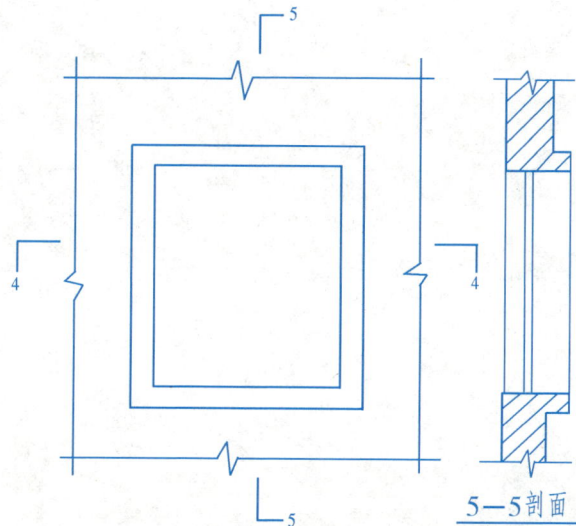

5—5剖面

剖面图和断面图(二)

班级		姓名		日期	

3. 把 *V* 面投影图改画成半剖面图。

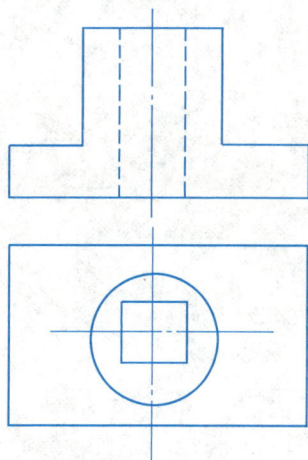

5. 绘出小立柱的 *A—A、B—B、C—C* 断面图

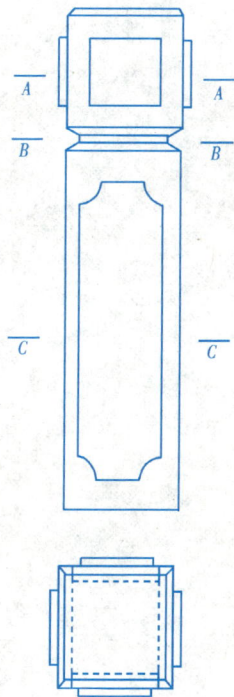

4. 作组合体的阶梯剖面图。

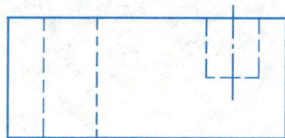

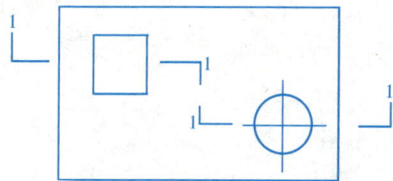

6. 按指定的位置作断面图。

(1)

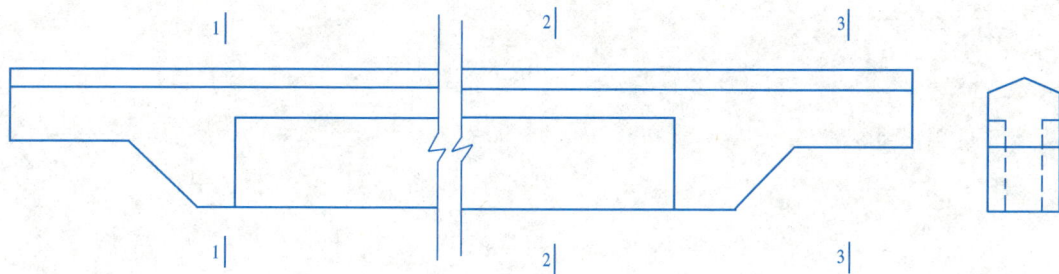

(2)

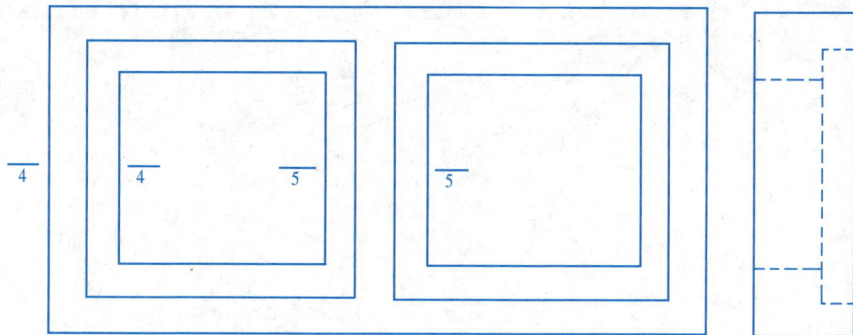

7.用 A3 幅面绘图纸抄绘房屋的平面图、立面图,并作出1—1剖面图,再用硫酸纸描图。尺寸从图中量取,比例 2:1。

立面图

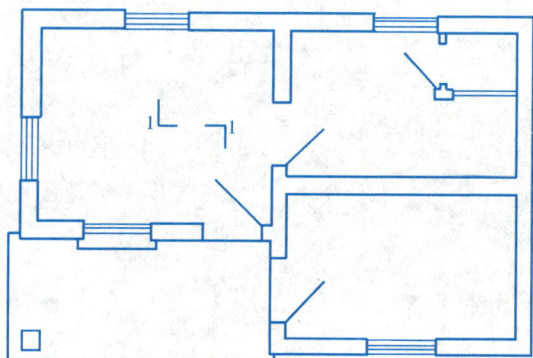

平面图

剖面图和断面图(五) 　班级　　姓名　　日期　　50

抄图及读图作业指导书

抄图与读图是建筑制图学习的主要实践环节,必须进行大量的训练来巩固和提高对专业图样的读绘能力,为今后学习专业课打好基础。为便于学习,本习题集汇编了抄图及读图作业图样,以供选用。

一、作业目的

1. 熟悉建筑及装饰施工图的表达内容及图示特点。

2. 掌握绘制建筑及装饰施工图的基本方法,且绘制的图样应符合现行各项建筑制图的标准要求。

3. 会识读一般常见建筑及装饰施工图。

4. 了解结构施工图等相关专业图样,明确其表达规律。

二、作业图名及比例

见各图所示。

三、图纸幅面要求

建筑施工图采用 A2 幅面图纸,铅笔抄绘。并由教师指定适当次数的描图练习(不少于两次)。

四、作业内容及标题栏

见各页的具体图示。在作业图的右侧画出标题栏(可选用教材中学生制图作业所用标题栏)。

五、作业要求

1. 仔细识读,要在读懂图样后方可开始绘图。

2. 应按教材中所述的施工图绘图步骤进行绘制。

3. 注意布图的均衡匀称。绘图时应先画底稿线、检查无误后再加深加粗和注写文字,养成良好的绘图习惯。

4. 图样绘制时要做到图形准确,线型清晰、粗细分明、注写工整、图面整洁。

5. 绘图时严格遵守《房屋建筑制图统一标准》(GB/T 50001—2010)、《建筑制图标准》(GB/T50104—2010)及《建筑结构制图标准》(GB/T50105—2010)等相关制图标准的要求。如有不熟悉之处,必须查阅标准或教材。

六、说明事宜

1. 建议图样的粗线宽度(b)选用 1.0mm,其他线宽应符合线宽组的要求。

2. 汉字应写长仿宋字,字母、数字用标准体书写。

3. 建议房间名称及其他说明文字用 5 号字,定位轴线编号用 5 号字,尺寸数字、门窗编号、构件代号等用 3.5 号字。图名字用 7 号字或 10 号字。

4. 在写字前要把文字的位置、大小设计好,并打好相应的字格(尺寸数字可只画上下两条字高线)再行书写。

5. 在做铅笔和描图作业时,应备一张蒙图纸,将做好的图样进行覆盖,以保证图面的整洁。

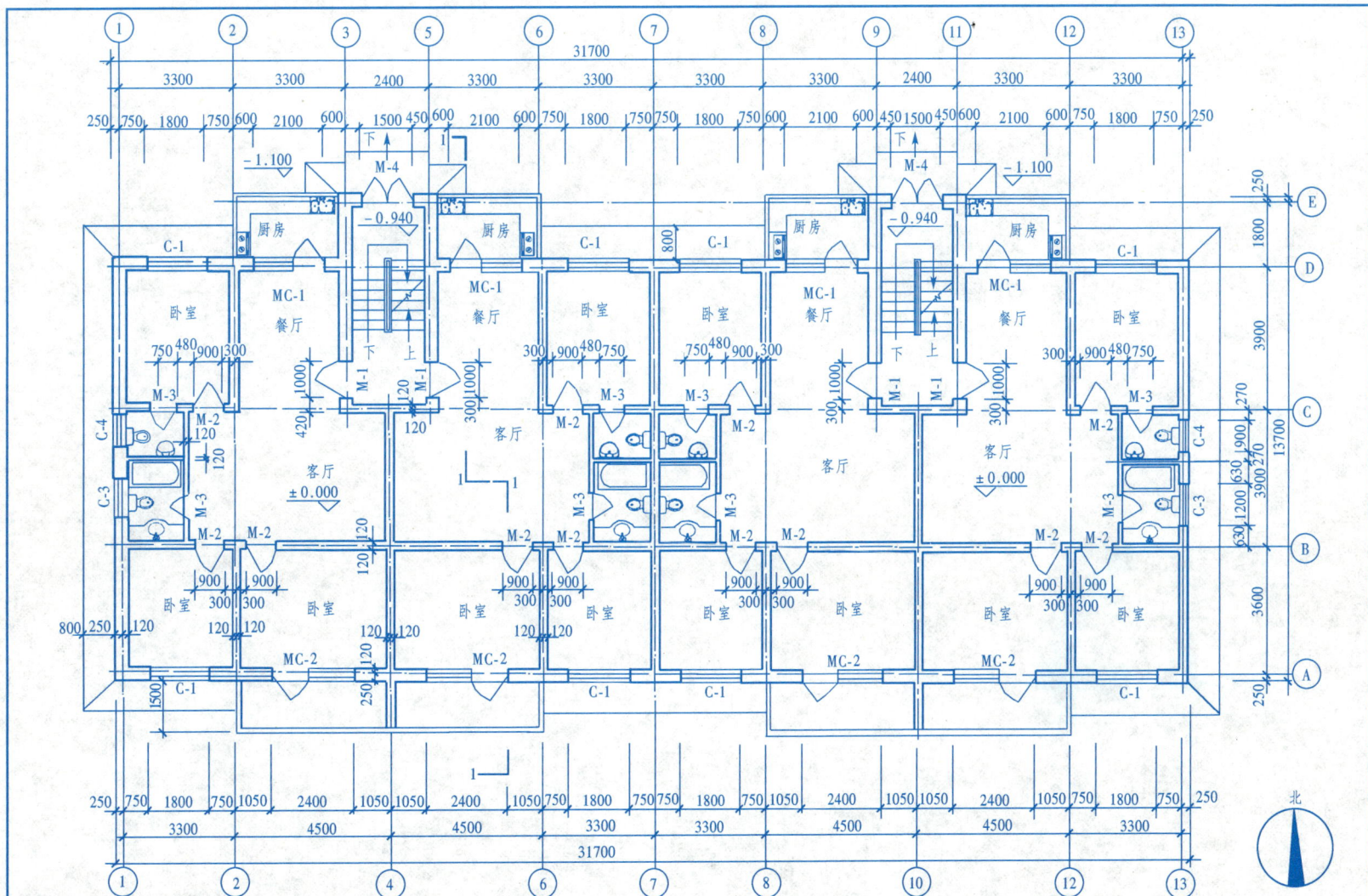

底层平面图 1:100　　说明:南北阳台、厨房、卫生间地面比本层地面低0.020m。

建筑施工图(一)　　班级　　姓名　　日期　　52

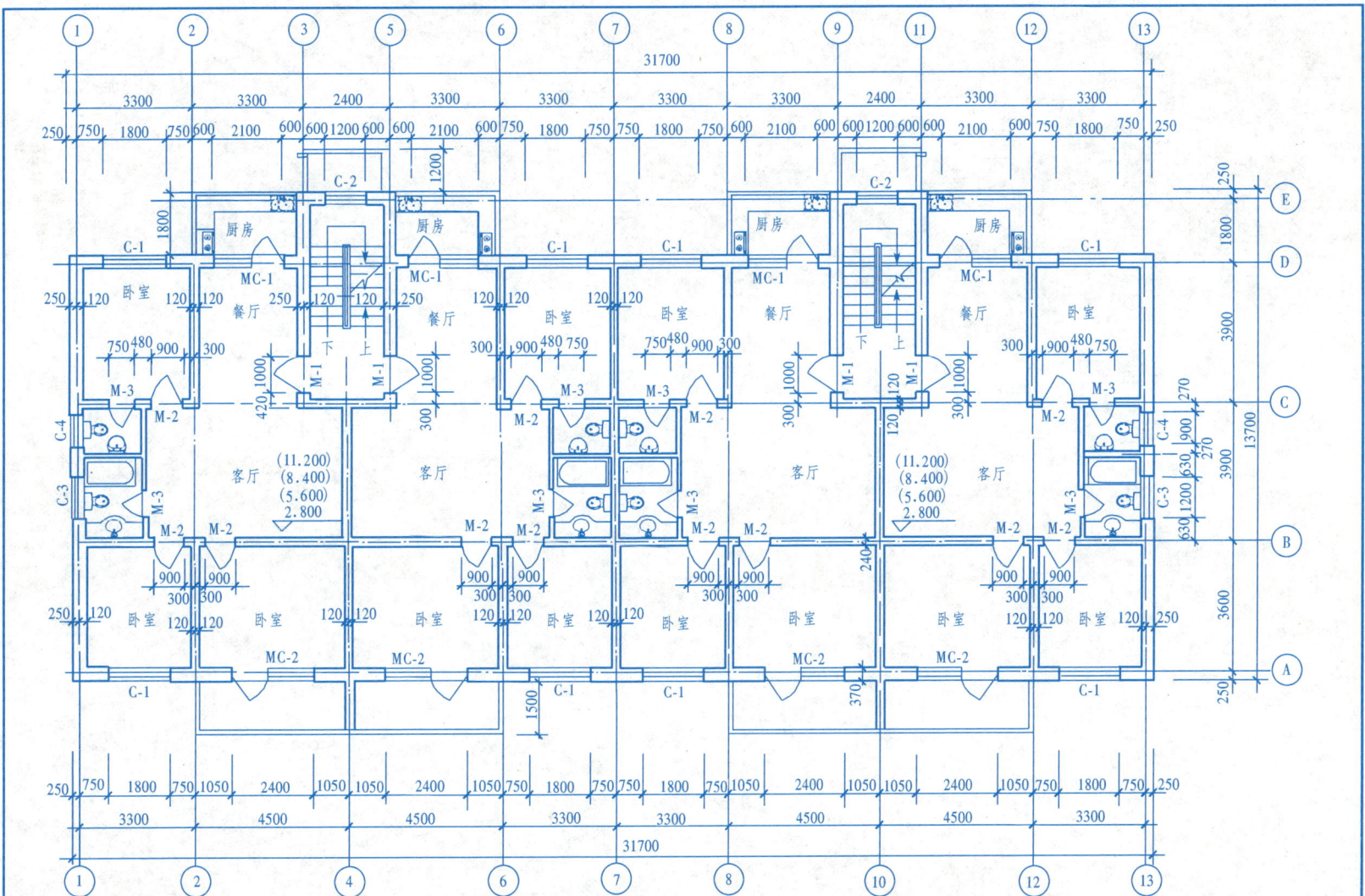

标准层平面图 1:100　说明:南北阳台、厨房、卫生间地面比本层地面低0.020m

| 建筑施工图(二) | 班级 | | 姓名 | | 日期 | | 53 |

水泥砂浆抹面罩白色外墙乳胶漆   水泥砂浆抹面砖红色外墙乳胶漆

17.500

16.800

16.500

15.000

13.700

12.200

10.900

9.400

8.100

6.600

5.300

3.800

2.500

1.000

±0.000

−0.300

−0.900

−1.100

150 300

①   ①~⑬立面图 1:100   ⑬

水泥砂浆抹面砖灰色外墙乳胶漆

| 建筑施工图（三） | 班级 | | 姓名 | | 日期 | | **54** |

水泥砂浆抹面罩白色外墙乳胶漆　　水泥砂浆抹面砖红色外墙乳胶漆

17.500

16.500

16.800

15.000

15.200

13.700

14.000

12.400

12.200

11.200

10.900

9.600

9.400

8.400

8.100

6.800

6.600

5.600

5.300

4.000

3.800

2.800

2.500

1.160

1.000

1.300

±0.000

−0.300

−1.100

−0.900

150　300

⑬

①

雨水管距地150

⑬~①立面图 1:100

| 建筑施工图（四） | 班级 | | 姓名 | | 日期 | | 55 |

水泥砂浆抹面罩白色外墙乳胶漆　　水泥砂浆抹面砖红色外墙乳胶漆

17.500
16.500
15.000
13.700
12.200
10.900
9.400
8.100
6.600
5.300
3.800
2.500
1.000
±0.000
-0.900 -1.100

1.300
-1.100 -0.940
-0.900
-0.300

水泥砂浆抹面罩灰色外墙乳胶漆

Ⓔ　　　　　　　　Ⓐ

Ⓔ~Ⓐ立面图 1:100

17.500
16.800
16.500
14.000
13.700
11.200
10.900
8.400
8.100
5.600
5.300
2.800
2.500
±0.000
-0.300 -1.100
-2.200

300 700
2500
300
2500
300
2500
300
2500
300
2500
300
600 200

2%　　　　2%

14.000
11.200
8.400
5.600
2.800
±0.000

120
1000
20 1500
1000
1800
2100
2100
1900

Ⓐ　　　Ⓑ　　　　Ⓘ/Ⓒ　Ⓓ
3600　　5320　　2480

1—1剖面图 1:100

| 建筑施工图（五） | 班级 | | 姓名 | | 日期 | | 56 |

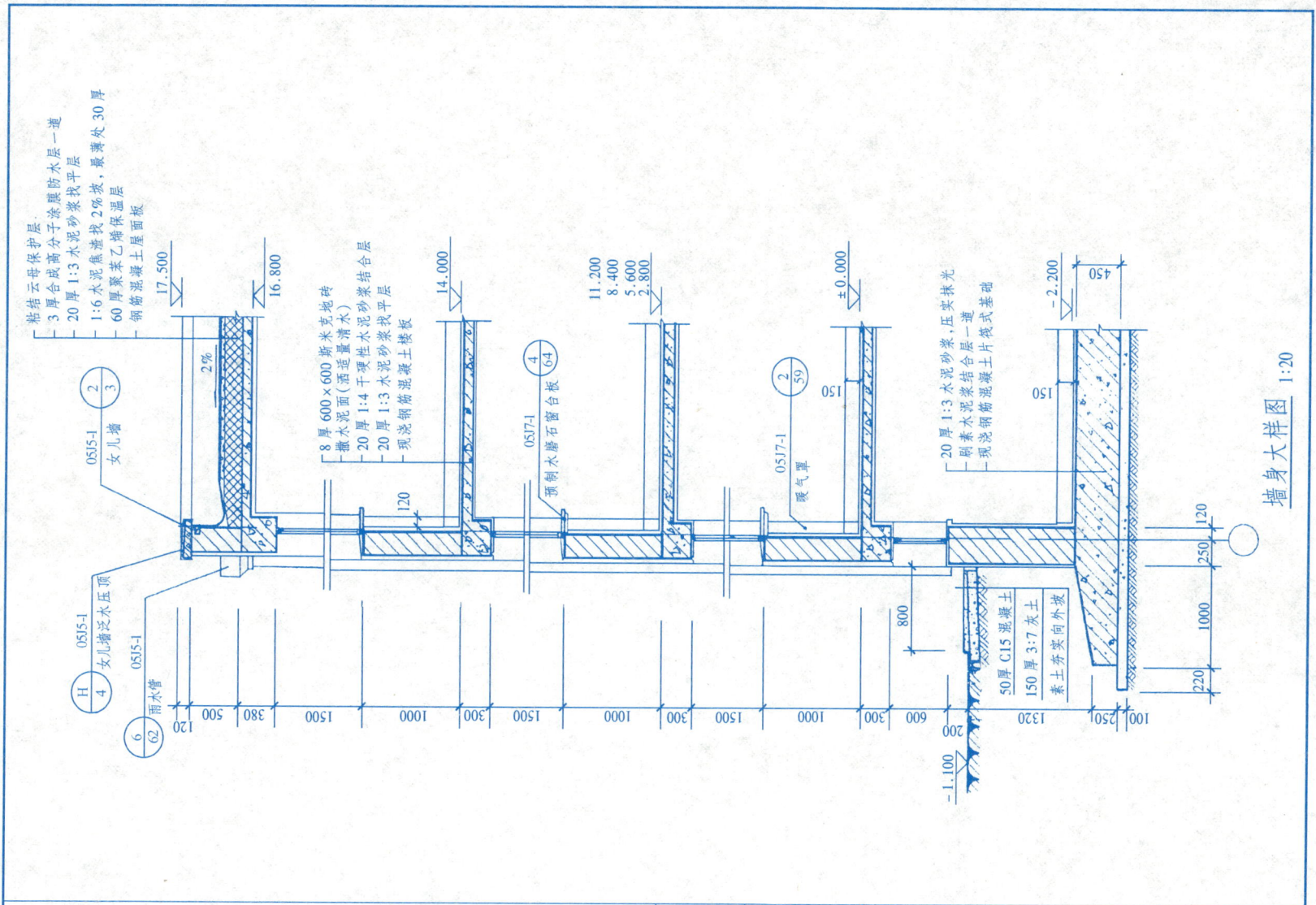

墙身大样图 1:20

粘结云母保护层
3厚合成高分子涂膜防水层一道
20厚1:3水泥砂浆找平层
1:6水泥焦渣找2%坡,最薄处30厚
60厚聚苯乙烯保温层
钢筋混凝土屋面板

17.500
16.800

05J5-1
③ ②
③
女儿墙

2%

8厚600×600斯米克地砖
(酒适置清水)
20厚1:4干硬性水泥砂浆结合层
20厚1:3水泥砂浆找平层
现浇钢筋混凝土楼板

14.000

05J7-1
④
④
64

预制木磨石窗台板

120

11.200
8.400
5.600
2.800

05J7-1
② 50
②

暖气罩

150

20厚1:3水泥砂浆结合层,压实抹光
现浇钢筋混凝土片筏式基础

±0.000

-2.200

450

150

250

1000

220

120

50厚C15混凝土
150厚3:7灰土
素土夯实向外坡

-1.100

1320

100 250

800

200
600 300 1500 1000 300 1500 1000 300 1500 1000 380 500 120

H ④
05J5-1
女儿墙泛水压顶
05J5-1
05J5-1
雨水管
⑥ 62

建筑施工图（六）　　　　班级　　　　姓名　　　　日期　　　57

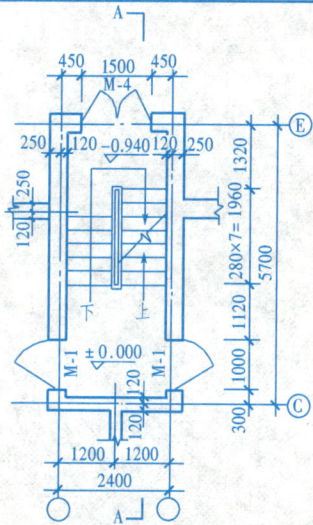

底层平面图 1:50

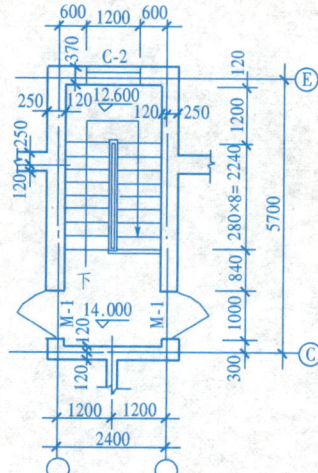

顶层平面图 1:50

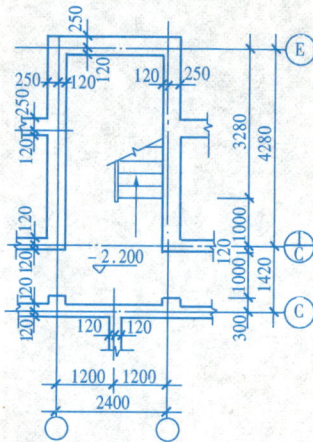

地下室平面图 1:50

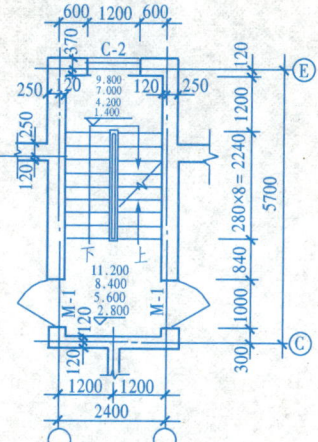

标准层平面图 1:50

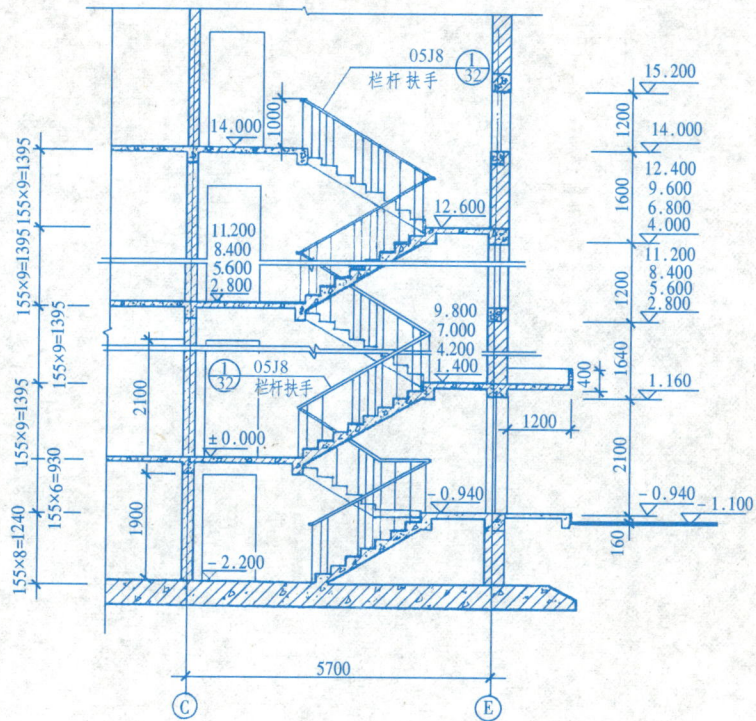

A—A 剖面图 1:50

| 建筑施工图（七） | 班级 | 姓名 | 日期 | 58 |

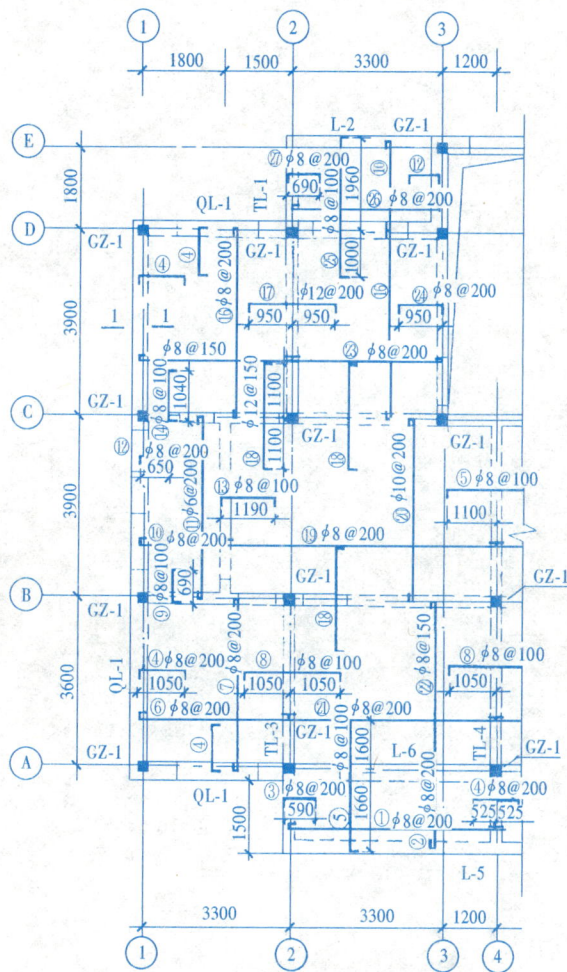

楼板配筋图 1:50

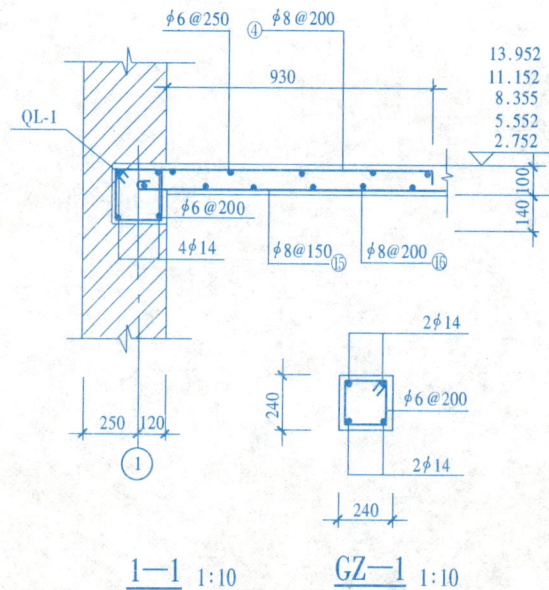

①1800 ②1500 ③3300 ①1200

E
L-2 GZ-1
φ8@200 φ8@200
690 1960
1000
QL-1 TL-1
D
GZ-1
φ8@200 GZ-1
950 950 950
φ12@200
1 1
φ8@150 φ8@200
C
GZ-1
φ8@100 φ12@150 GZ-1 GZ-1
1040 1100 1100
650 φ8@200 φ10@200
φ6@200 φ8@100 φ8@100
1190 1100
B
GZ-1 φ8@200 GZ-1
690 φ8@100
QL-1 φ8@200 φ8@150
φ8@200 φ8@100 φ8@100
1050 1050 1050 1050
φ6@200 φ8@100 φ8@200
A
GZ-1 TL-3 GZ-1 L-6 TL-4 GZ-1
1600
1660 φ8@200 φ8@200
QL-1 590 φ8@200 φ8@200 525 525
1500 φ8@200
L-5

3300 3300 1200
① ② ③ ④

1800 3900 3900 3600 1500

说明：1. 图中板厚均为100mm。
2. 卫生间地面应相应降低100mm。
3. 圈梁在无墙处拉通时，应在下部增加2φ16钢筋，锚固长度35d。
4. 分布筋 φ6@250。

1—1 1:10
φ6@250 ④ φ8@200
930
13.952
11.152
8.355
5.552
2.752
QL-1
φ6@200
4φ14
φ8@150 φ8@200
250 120
140 100

GZ-1 1:10
2φ14
φ6@200
2φ14
240
240

结构施工图（一） 班级 姓名 日期 59

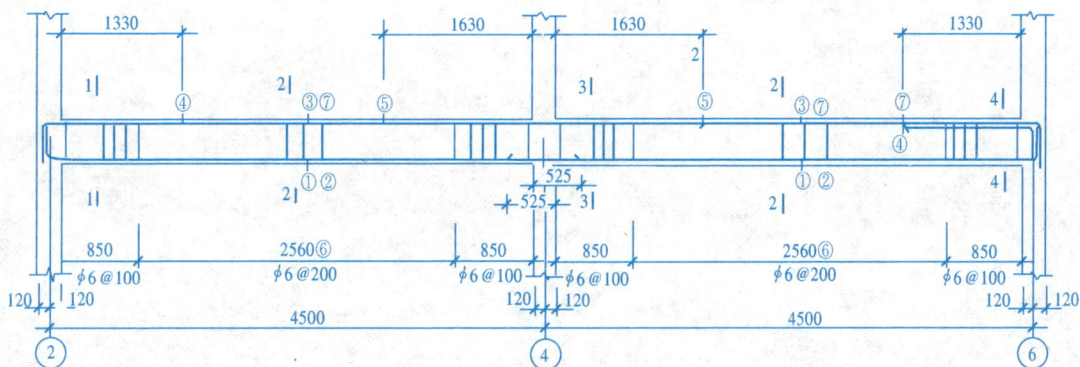

L—6 1:10

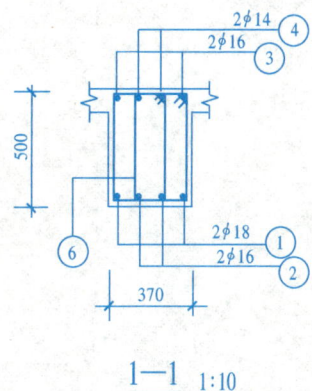

1—1 1:10

L—6 梁钢筋表

编号	钢筋简图	规格	长度 /mm	根数	重量 /kg
①	4950	$\phi18$	5310	4	49
②	4950	$\phi16$	5310	4	38
③	9180	$\phi16$	10060	2	36
④	1540	$\phi14$	1980	4	10
⑤	3500	$\phi18$	3500	2	14
⑥	100 145	$\phi6$	250	136	8
⑦	2500	$\phi12$	2650	4	9

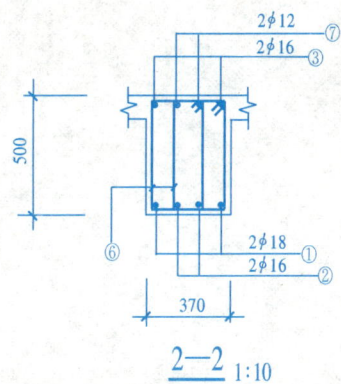

2—2 1:10

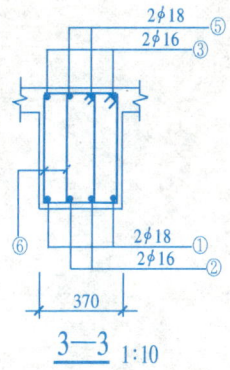

3—3 1:10

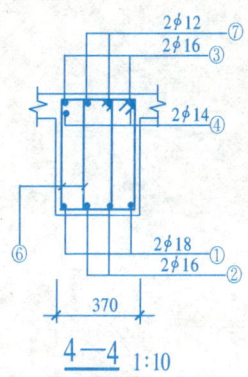

4—4 1:10

结构施工图（二）

| 班级 | | 姓名 | | 日期 | | 60 |

一、名词解释

1. 大量性建筑

2. 耐火极限

3. 建筑模数

4. 标志尺寸

二、填空题

1. 一般民用建筑主要由（　）、（　）、（　）、（　）、（　）和（　）等组成，其中（　）属于非承重构件。

2. 建筑按其使用功能不同，一般可分为（　）、（　）和（　）等。

3. 按照建筑的耐火性能，根据我国现行规范规定，建筑物的耐火等级分为（　）级，耐火等级标准依据建筑物主要构件的（　）和（　）两个因素确定。

4. 基本模数用（　）表示，数值为（　）。

5. 一般情况下，构造尺寸加上（　）尺寸等于（　）尺寸。

6. 住宅建筑（　）层及以上为高层；公共建筑高度大于（　）米为高层；民用建筑高度大于（　）米为超高层。

三、选择题

1. 民用建筑包括居住建筑和公共建筑，其中_____属于居住建筑。

A. 旅馆　　　　B. 托儿所　　　　C. 疗养院　　　　D. 公寓

2. 我国《民用建筑设计通则》中规定，多层住宅是指_____。

A. 3～5 层　　B. 3～6 层　　C. 4～6 层　　D. 4～5 层

3. 普通建筑的耐久年限为_____。

A. 5 年　　　　B. 100 年　　　　C. 50 年　　　　D. 25 年

四、简答题

1. 民用建筑的构造组成有哪些？有何作用及要求？

2. 影响建筑构造的因素有哪些？

3. 建筑构造的设计原则是什么？

4. 建筑标准化包括哪些内容？

5. 承重外墙及内墙的定位轴线是如何确定的？

一、名词解释

1. 基础埋深

2. 刚性基础

3. 柔性基础

4. 刚性角

5. 箱形基础

二、填空题

1. 建筑物的地基可分为（　　）和（　　）两大类。

2. 采用人工加固地基的方法通常有（　　）、（　　）和（　　）等。

3. 基础按构造形式分为（　　）、（　　）、（　　）、（　　）、（　　）和（　　）等类型。

4. 地下室按使用功能可分为（　　）和（　　）；按埋置深度可分为（　　）和（　　）。

5. 地下室一般由（　　）、（　　）、（　　）、（　　）和（　　）等部分组成。

6. 地下室卷材防水按防水层位置不同有（　　）和（　　）之分。

三、选择题

1. 地下室地面高于最高地下水位时，地下室需做_____。

A. 防水、防冻处理　　　　　　　B. 防潮处理

C. 防水处理　　　　　　　　　　D. 防冻处理

2. 当地下水位很高，基础不能埋在地下水位以上时，应将基础底面埋置在_____以下，从而减少或避免地下水浮力的影响。

A. 最高水位 200mm　　　　　　B. 最低水位 200mm

C. 最高水位 500mm　　　　　　D. 最低水位 500mm

3. 当建筑物上部结构为梁、柱构成的框架、排架及其他类似结构时，其基础常采用_____。

A. 条形基础　　　　　　　　　　B. 井格基础

C. 箱形基础　　　　　　　　　　D. 独立基础

四、简答题

1. 基础与地基的涵义和它们的关系如何？

2. 影响基础埋深的因素有哪些？

3. 什么是端承桩？什么是摩擦桩？

4. 地下室何时应做防潮处理？其基本构造做法如何？

5. 地下室何时应做防水处理？其基本构造做法如何？

五、作图题

1. 图示基础的埋置深度。

2. 绘制地下室卷材内、外防水构造示意图。

一、名词解释

1. 过梁

2. 散水

3. 勒脚

4. 圈梁

5. 变形缝

二、填空题

1. 沿建筑物短轴方向布置的墙称为（　　）,（　　）通常称为山墙。

2. 墙体按受力情况的不同,可分为（　　）和（　　）。

3. 大量性民用建筑的结构布置方案,通常有（　　）方案、（　　）方案、（　　）方案及（　　）方案等。

4. 墙体材料有（　　）、（　　）、（　　）等。

5. 标准砖的规格为（　　）。

6. 常用的砌筑砂浆有（　　）、（　　）和（　　）。

7. 在砖墙的组砌中,把砖的长方向垂直于墙面砌筑的砖叫（　　）;把砖的长方向平行于墙面砌筑的砖叫（　　）;侧立砌筑的砖叫（　　）。

8. 根据材料和构造方式不同,过梁有（　　）、（　　）和（　　）。

9. 钢筋混凝土过梁,按照施工方法不同,可分为（　　）和（　　）两种。

10. 常用的过梁形式有（　　）、（　　）等。

11. 变形缝包括（　　）、（　　）和（　　）。

12. 隔墙按构造方式不同可分为（　　）、（　　）和（　　）。

三、作图题

1. 绘制墙脚构造图。

2. 绘制附加圈梁的构造图。

墙 体（一）　　　　班级　　　　姓名　　　　日期　　　63

四、连线题

散水宽	240mm
勒脚高	120mm
伸缩缝宽	20～30mm
悬挑窗台挑出	600～1000mm
钢筋混凝土过梁伸进墙内的支承长度不小于	500mm
钢筋混凝土圈梁的高度一般不小于	60mm

五、简答题

1. 简述墙体的类型及设计要求。

2. 墙体的承重方案有几种？各自有什么特点？

3. 勒脚的作用是什么？常见的做法有哪些？

4. 墙身防潮层的作用是什么？常用的做法有哪几种？水平防潮层的位置应如何设置？

5. 过梁主要有哪几种？构造如何？

6. 圈梁的作用是什么？构造如何？一般设置在什么位置？

7. 简述构造柱的作用及构造。

8. 伸缩缝的间距主要受什么因素的影响？

9. 简述各类变形缝的设置原则。

10. 伸缩缝、沉降缝、防震缝是否可以相互代替？为什么？

11. 隔墙的种类和构造要求有哪些？

一、名词解释

1. 现浇钢筋混凝土楼板

2. 预制钢筋混凝土楼板

3. 梁板式楼板

4. 雨篷

二、填空题

1. 楼地面包括（　　）和（　　），其中（　　）由（　　）、楼板和（　　）组成；（　　）由（　　）、（　　）和地基组成。必要时，对某些有特殊要求的房间加设（　　），如防水层、隔声层等。

2. 钢筋混凝土楼板按其施工方式不同，可分为（　　）、（　　）和（　　）三种。

3. 现浇钢筋混凝土楼板，根据受力和传力情况的不同，可分为（　　）、（　　）和（　　）等。

4. 常用的预制钢筋混凝土板，根据其截面形式，一般有（　　）、（　　）和（　　）三种类型。

5. 板的侧缝一般有（　　）、（　　）和（　　）三种形式。

6. 装配整体式钢筋混凝土楼板，按结构及构造方式的不同，有（　　）和（　　）等做法。

7. 雨篷通常多采用钢筋混凝土（　　）结构。

8. 阳台按其与外墙的相对位置，可分为（　　）、（　　）和（　　）。

三、简答题

1. 楼地面包括哪两部分？它们有什么样的联系和区别？

2. 楼层地面的设计要求有哪些？

3. 现浇钢筋混凝土楼板何谓单向板？何谓双向板？

4. 调整预制板缝的方法有哪些？

5. 装配式楼板与装配整体式楼板有何区别？叠合式楼板有何优越性。

6. 雨篷的作用是什么？其构造要点有哪些？

四、作图题

1. 绘制装配式钢筋混凝土楼板节点详图。

(1)空心板支承在外墙上的构造；

(2)空心板支承在内墙上的构造；

(3)空心板支承在花篮梁上的构造；

(4)挑砖调节板缝的构造；

(5)现浇板带调节板缝的构造。

2. 绘图表示雨篷的构造。

3. 绘制楼地面变形缝的构造。

4. 绘制梁板布置图

　　某房间由2个3300mm开间组成,进深4200mm,四周墙厚均为240mm。设横向梁一根,梁宽250mm,梁高自选。铺设预制空心楼板,板厚120mm,板宽900mm。试绘制梁板平面布置图和纵、横剖面图。标注尺寸、标注梁高、楼板块数和现浇板带宽度,比例1:30。

| 楼地面（二） | 班级 | | 姓名 | | 日期 | | 66 |

一、名词解释

1. 扶手的高度

2. 楼梯的净空高度

3. 梯井

4. 板式楼梯

5. 电梯

二、填空题

1. 楼梯一般由( )、( )和( )三部分组成。

2. 一个楼梯段的踏步数量一般不宜超过( )级,同时也不宜少于( )级。

3. 平台有( )和( )之分。

4. 踏步由( )和( )组成。

5. 扶手高度常采用( )mm,儿童使用的扶手高度一般为( )mm。

6. 梯井一般以( )mm为宜。

7. 楼梯段部位的净高不应小于( )m,平台部位的净高不应小于( )m。起止踏步前缘与顶部凸出物内边缘线的水平距离不应小于( )m。

8. 钢筋混凝土楼梯按施工方式不同,可分为( )和( )两类。

9. 现浇钢筋混凝土楼梯按受力特点及结构形式的不同,可分为( )和( )。

10. 装配式钢筋混凝土楼梯按构件尺寸的不同,可分为( )装配式楼梯和( )装配式楼梯等类型。

11. 台阶由( )和( )组成。

12. 台阶分( )和( )两种构造形式。

13. 电梯由( )、( )、( )和( )等几部分组成。

三、简答题

1. 建筑的垂直交通设施有哪些? 各适用于什么建筑?

| 垂直交通设施（一） | 班级 | | 姓名 | | 日期 | | 67 |

2. 楼梯、坡道各自适应的坡度范围是多少? 楼梯的适宜坡度是多少?

3. 常见的楼梯形式有哪些?

4. 如何确定楼梯段宽度和平台宽度?

5. 楼梯踏步高与踏步宽和行人步距的关系如何?

6. 在保证坡度一定时,如何加大踏面宽度?(要求画出相应图示)。

7. 建筑物底层平台下做出入口时,为增加净高,常采用哪些措施?

8. 现浇钢筋混凝土楼梯有哪几种? 各自的特点是什么?

9. 明步楼梯和暗步楼梯各自具有什么特点?

10. 室外台阶的平面形式有几种?

四、作图题

1. 绘出楼梯踏面的防滑构造图。

2. 绘出栏杆与踏步的连接构造图。

3. 绘出扶手与栏杆的连接构造图。

4. 绘出一种室外台阶的构造图。

5. 绘出一种室外坡道的构造图。

| 垂直交通设施（二） | 班级 | | 姓名 | | 日期 | | 68 |

一、名词解释

1. 平屋面

2. 坡屋面

3. 材料找坡

4. 有组织排水

5. 卷材防水屋面

6. 泛水

7. 悬山

8. 硬山

二、填空题

1. 屋面的作用是( )、( )和( )。

2. 平屋面的隔热方式有( )、( )、( )、( )等。

3. 坡屋面的承重结构有( )和( )。

4. 屋面找坡两种方式有( )和( )。

三、选择题

1. 平屋面的屋面坡度一般为_____。

A. <10%　　　B. ≤5%　　　C. 2%～3%　　　D. 0

2. 泛水高度要求_____。

A. ≥250mm　　B. <250mm　　C. ≥240mm　　D. <240mm

3. 刚性防水屋面出现断裂的原因可能是_____。

A. 粘贴不牢　　　　　　　　B. 没做蒸汽扩散层

C. 没做隔离层　　　　　　　D. 保护层不合理

四、简答题

1. 影响屋面排水坡度的因素有哪些?

2. 简答形成屋面坡度的方法并分析各自的特点。

3. 刚性防水屋面分隔缝应位于什么位置?

4. 屋面排水方式有哪些? 各自的特点和适用范围是什么?

五、作图题

图示带有保温层不上人卷材防水屋面的构造。

| 屋　面 | 班级 | | 姓名 | | 日期 | | 69 |

一、填空题

1. 民用建筑和一般工业建筑及其附属用房常采用( )、( )、( )三种材质的门窗。

2. 建筑外门窗的性能分级指标有抗风压、( )、( )、( )、( )及采光性等。

3. 在计算节能的外墙表面积和建筑物体积时,挑窗及凸窗应将其( )的面积和( )部分体积,( )建筑物的表面积和建筑物的体积中,( )忽略不计。

4. 民用建筑及工业建筑采用的专用门窗有( )、( )、( )、( )、( )、( )、( )、( )等。

5. 防火门按材质一般分为( )和( )。

6. 防火门的耐火极限分为( )级,分别为( )、( )和( )。

7. 防火窗一般采用钢防火窗,按开启方式分为( )和( )两种。

8. 防火卷帘一般有( )和( )。

9. 防火卷帘按开启方式分为( )、( )和( )。

10. 隔声门一般采用钢制隔声门,包括( )和( )两种立面形式。

11. 安全户门是指适用于住宅入户门及其他民用建筑使用的( )门。

12. 转门( )作为安全疏散门使用。

二、选择题

1. 会议室的大门可以选用＿＿＿＿。

A. 弹簧门   B. 转门   C. 推拉门   D. 折叠门

2. 通向封闭楼梯间的门应选用＿＿＿＿。

A. 平开门   B. 隔声门   C. 防火门   D. 防火卷帘

3. 开向公共走道的窗扇,其底面高度不应低于＿＿＿＿。

A. 0.9m   B. 1.2m   C. 1.8m   D. 2.0m

4. 临空的窗台低于＿＿＿＿时,应采取防护措施。

A. 0.6m   B. 0.4m   C. 0.8m   D. 0.9m

三、简答题

1. 简述门窗的作用及开启方式。

2. 简述 PVC 改性塑料门窗、铝合金门窗及木门窗的特点。

| 窗与门 | 班级 | | 姓名 | | 日期 | | 70 |

一、名词解释

  1. 柱网

  2. 横向定位轴线

  3. 封闭结合

  4. 排架结构

二、填空题

  1. 工业建筑按建筑层数分为（　　）、（　　）和（　　）。

  2. 单层工业厂房主要结构构件包括（　　）、（　　）、（　　）、（　　）、（　　）、（　　）、（　　）和（　　）等。

  3. 工业建筑中常见的起重吊车有（　　）、（　　）和（　　）。

  4. 单层厂房的跨度在18m以下时，应采用扩大模数（　　）数列；在18m以上时，应采用扩大模数（　　）数列。

  5. 单层厂房的支撑有（　　）和（　　）两大部分。

  6. 基础梁的截面形状常用（　　），基础梁两端搁置在（　　）上。

三、选择题

  1. 单层厂房的柱距应采用扩大模数_____数列。

  A. 30M   B. 60M   C. 15M   D. 12M

  2. 为了避免影响开门及满足防潮要求，基础梁顶面标高至少应低于室内地坪标高_____。

  A. 50mm   B. 100mm   C. 200mm   D. 150mm

  3. 大型屋面板的标志尺寸为_____。

  A. 5970×1490mm   B. 6000×1500mm

  C. 5970×990mm   D. 3300×1000mm

  4. 当厂房全部或局部柱距为12m或12m以上，而屋架间距仍保持_____时，需设置托架。

  A. 3m   B. 6m   C. 9m   D. 12m

四、简答题

  1. 常见的装配式钢筋混凝土横向排架结构单层厂房由哪几部分组成？各部分由哪些构件组成？它们的主要作用是什么？

  2. 柱在构造上有哪些要求？一般柱子上要预埋哪些预埋件？

  3. 杯形基础在构造上有什么要求？

  4. 吊车梁与柱如何连接？吊车轨道与吊车梁怎样连接？

五、作图题

  图示厂房的中间柱、端部柱以及横向变形缝处柱与横向定位轴线的关系。

一、名词解释

    1. 板材墙

    2. 内落外排水

    3. 天窗端壁

    4. 构件自防水屋面

    5. 吊车钢梯

二、填空题

    1. 按构造形式分,天窗包括( )、( )、( )、( )、( )和( )等类型。

    2. 厂房外墙根据所用材料的不同有( )、( )和( )等几种。

    3. 矩形天窗在厂房的( )和( )的第一个柱间通常不设天窗。

    4. 厂房地面与民用建筑一样,一般由( )、( )和( )组成。

    5. 厂房地沟由( )、( )和( )三部分组成。

    6. 厂房侧窗可根据需要由基本窗( )拼接,也可以( )拼接。

三、选择题

    1. 开敞式外墙挡雨遮阳板每排之间的距离,与当地的飘雨角度有关,一般设计时飘雨角度可按_____设计。

    A. 15°   B. 30°   C. 45°   D. 60°

    2. 无组织排水的挑檐长度,当檐口高度不大于 6m 时,一般宜不小于_____;当檐口高度小于 6m 时,一般宜不小于_____。

    A. 500,300   B. 180,300   C. 300,180   D. 300,500

    3. 石棉水泥波瓦直接铺在檩条上,一般要求一块瓦跨_____根檩条。

    A. 2 根   B. 3 根   C. 4 根   D. 5 根

    4. 砌体墙与柱连接时,应沿柱高度方向每隔_____预埋两根 $\phi 6$ 的钢筋,砌入墙缝。

    A. 500～600mm   B. 1000mm   C. 300～500mm   D. 240mm

四、简答题

    1. 矩形天窗由哪些构件组成?

    2. 板材墙板与柱的连接方式有哪些?各自的特点和适用条件是什么?

    3. 吊车梁走道板的作用是什么?它是如何铺设的?

    4. 侧窗有哪两种布置形式?常用的开启方式有哪些?

    5. 厂房大门洞口尺寸是如何确定的?常用开启方式有哪些?

参 考 文 献

[1] 颜金樵主编. 工程制图（含配套的习题集）. 北京：高等教育出版社，1998.

[2] 吴润华主编. 建筑制图与识图（含配套的习题集）. 武汉：武汉工业大学出版社，1997.

[3] 朱福熙，何斌主编. 建筑制图（含配套的习题集）. 北京：高等教育出版社，1995.

[4] 顾世权主编. 建筑装饰制图（含配套的习题集）. 北京：中国建筑工业出版社，2002.

[5] 乐荷卿主编. 土木建筑制图（含配套的习题集）. 武汉：武汉工业大学出版社，1999.

[6] 陆叔华主编. 建筑制图与识图习题集. 北京：高等教育出版社，1996.

[7] 赵研主编. 建筑构造. 北京：中国建筑工业出版社，2004.